誰もが一個の天才

コロナウイルスなどに負けない「生き方・働き方」

三村正夫 著

セルバ出版

プロローグ

現在の日本は、かつて例を見ない新型コロナウイルスとの戦いに、不安に満ちた生活を余儀なくされております。日本だけでなく世界全体がコロナ感染拡大の影響を受けている昨今ですが、厄介なのは、その対策となる治療薬がなく、なすすべもなく感染が拡大し続けているということです。感染対策として不要不急の外出自粛や三密の回避などが言われ続ける中で、私は改めて、人生の生き方・働き方といったことを今一度しっかり考えてみなければいけないときがきたのではないかと思います。

今日の日本は、少子高齢化社会が進み、それに伴う人手不足にむけて、世界に先例のない新たな社会の構築を求められております。

小学校・中学校では、いじめ、不登校などが頻発し、私が小学生だった約半世紀前とはあまりにも相違している状況です。私の頃は、学校に行かないといった概念そのものがなかったように思います。日常的に子供同士の喧嘩はあったものの、今日のような陰湿ないじめは少なかったです。

そんな中で、成長し社会人となり、偶然にもランチェスターの時間戦略にも巡りあい、だれもが、人生を好転させる成功法則の最短方法を学んだ気がします。

自己啓発本などは書店にあふれ、どれも正しいと思います。人間は弱いもので、本を読んだ後はいいのですが、1週間もすれば、その気持ちはどこかへ行ってしまっているものです。私も何度も何度もそのような経験をしてきました。すぐに実行できるのは、その本の著者か、読まれた方の100人に1人ぐらいかと思います。偉そうに自己啓発本を書いているお前は、人生の成功者かといわれれば、社会的にはそうみえないでしょう。単なる一介の社会保険労務士であります。

もちろん、成功の形は1人ひとりちがいます。私の場合、「私は、天才である」と自分自身に言い聞かせております。そしてヒトの人体を構成する細胞を私は細胞君（私の造語です）と呼んで、その細胞君に成功するようにと毎回指示・命令をしております。

この細胞という生命体については8年ほど前に京都大学の山中教授がiPS細胞の開発でノーベル賞受賞などがあり、細胞君は近年益々注目を集めてきているのではないかと思います。ましてや、新型コロナウイルスに攻撃されない細胞ということで、その対策の治療薬の開発が世界的に求められております。その意味では私たちの体を構成する細胞いわゆる細胞君がこれほど注目をあびてきた時代はかつてなかったのではないかと思います。

この何でもない細胞君への指示・命令が、ある意味私は人生でもっと大切な考え方の1つではないかと思います。自分の体になんと人類の人口よりも多い細胞君がいると思うとワクワクしませんか。

心が勝利者であれば、地位・財産に関係なく、その人は間違いなく人生の成功者・天才であると私は思っております。よくお金があればすべてOK！　といわれる方がおりますが、はたしてそうでしょうか？　どれだけの財産・お金があっても人生で手に入らないものは、沢山あります。読者の皆さんの身の周りでも、財産のある方が必ずしも幸福者ではないですよね？

〔図表１　60兆個の細胞君〕

例えば、親の遺産を相続して大金が入ったため、以前にもまして、ケチになり、益々お金に執着し、最後は、何も使わず孤独死してしまったなど、世間でたまに聞く話ではないでしょうか？

また、小学校や中学校などでの、いじめや不登校など、その根底にあるのは、相手の尊厳を認めない社会の風潮が原因でないでしょうか？　誰もが一個の天才なんだ！　と相手を敬う考え方があれば、いじめ・不登校などの減少につながっていくことでしょう。まずは、誰もが一個の天才だと思うことから、より一層自分自身を大切にし、他人への思いやりにもつながり、やがていじめや不登校の減少へとなっていけば何よりの喜びです。

私は、社会保険労務士の日常の業務をする中で、労働者の労働時間については、残業代の支払い、給与計算などで、日常的・当たり前に関心をもっている項目であります。

「残業ゼロ」のテーマの本が最近は特に多いですね。しかし、ランチェスター法則を応用した時間戦略の本格的なビジネス本は、殆ど見当たりません。私の主張は、若干、いやかなり相違しております。私の考え方はそれらの本とは、むしろ逆の考えに近いかもしれません。それだけに、ある意味大変意義深いものを感じます。

私は自由労働時間（私の造語）という概念を取り入れることで、会社にとっても、残業代増加につながることでもなく、多くの日本人に共鳴していただけるものと確信しております。このことは昨年4月からスタートした働き方改革にも連動してくるのではないかと考えます。

いかがでしょうか？

本書では読者の皆さんと一緒に、細胞君の活性化を通して、コロナウイルスなどの対策につながる免疫力アップと私の専門分野である、労働時間を分析し、誰もがコロナウイルスなどに負けない生き方・働き方を提案していきたいと思っております。この方法を通して、人生とビジネスの可能性を最大限に引き出し、あなたが経営者であれば会社の社員たちを天才の集まりにしてください。やがて、日本中が天才の集まりに近づいていくことを夢みています。

本書に書いた、「ビジネスと人生の時間戦略」は、わかりやすく、誰でも実行ができると思います。本書を読んでいただき、あなたが無限の可能性に目覚め、一度しかない人生をより有意義に生きていくための一助となれば、おおいにうれしく、出版する著者としての本望であります。

２０２０年５月

三村　正夫

誰もが一個の天才　コロナウイルスなどに負けない「生き方・働き方」　目次

プロローグ

序章　人間の体と心の可能性〜人は誰もが一個の天才である

1　60兆個の細胞君に指示を出そう！…12
2　人生の真の成功とはどういう状態なのか…17
3　最初から天才などいないが、あなたはすでに天才なのだ！…24
4　新型コロナウイルスとの闘い…28

1章　コロナの不安な時代だからこそ人生の総労働時間を真剣に考えてみよう

1　労働とはなにか…32
2　労働時間はどれくらいが適正でしょうか…35
3　タバコ時間は細胞君（脳細胞など）を弱体化させる…43
4　働き方改革の時代のなかで残業というものをどうとらえるか…45

5　人生総労働時間はいったい何時間…49
6　生涯報酬はいったいいくら…51

2章　マズローの欲求5段階説と5つの報酬

1　マズローの欲求5段階説は面白い！…54
2　天才とは5段階説でとらえるとこうなる！…55
3　人生も5段階で考えるとわかりやすいのだ！…58
4　労働の対価である報酬をどうとらえるか…61
5　感動、成長、愛情、お金、信頼の報酬に感謝！…74

3章　ランチェスター法則による時間戦略

1　ランチェスター法則はこう使え！…80
2　時間戦略はこれだ！…83
3　時間戦略はこう組み立てよ！…86
4　時間戦略こそが、誰もが天才になる一番の近道…89

5　ランチェスター戦略は人生にこそ最適な法則…91

4章　免疫力を高める方法としての自由労働時間の戦略

1　労働時間の種類としての自由労働時間とは…98
2　自由労働時間は、凡人の才能を開花させると同時に
細胞君の新型コロナなどへのさらなる免疫力アップさせる…105
3　成功したければ人の3倍働け！…108
4　働き方改革の時代の流れの中で残業というものをどのようにとらえるか…113
5　本田宗一郎・稲盛和夫氏の労働時間とは…116
6　決して無理をせず、健康管理は日々注意！…118
7　急増する労働環境を変えるテレワーク、
そして増え続けるフリーランス、ある意味自由労働時間では…120

5章　具体的な免疫力アップにつながる新しい年代別自由労働時間のとらえ方

1　10代の学生の自由労働時間の意味…124

2　20代・30代の特徴と自由労働時間の意味…134
3　40代・50代の特徴と自由労働時間の意味…142
4　60代・70代の特徴と自由労働時間の意味…146
5　定年を迎え、生涯現役か引退かの選択…154

6章　会社は天才の集まりだ。コロナウイルスなどに絶対に負けない会社・自分となっていこう！

1　天才を自覚した社員が多い会社はその会社も天才…162
2　社員の人間性は性善説で、社員の仕事内容については性悪説で考える…165
3　生涯現役と自覚すれば、そのときから誰でも60兆個の細胞君は病気にも負けなくなっていく…169
4　健康の秘訣は、仕事を保ち続けることと60兆個の細胞君を活性化させることが一番…173
5　あなたも私も天才、会社も日本も天才の集まりだ…176

あとがき

序章

人間の
体と心の可能性
～人は誰もが一個の天才である

1　60兆個の細胞君に指示を出そう！

あなたの体は小宇宙

本書をあまたのビジネス書の中から、選んでいただき、深く感謝申し上げます。この人生の出会いのなかで、本書を読んでいただき、大切な人生になにか1つでもプラスになる、きっかけの1つになれば幸いです。

ところで、読者の皆さん、人間の体とは、どのようなつくりなのか、真剣に考えたことがありますか？　私はなにも、詳細な医学的なことまで、本書で考え論じる気はありませんが、人間の体は約60兆個の細胞でできているようです。人類の人口は約70億ともいわれておりますから、私たちの体には人類の人口の約1万倍の数の細胞があるのです。私たちの体のすごさに驚きと感動を感じます。

また、現在ほどコロナウイルス感染により、日本だけでなく世界中の方がこの60兆個の細胞君の働き役割について注目しているのではないでしょうか？

今まさに細胞君の働きがある意味人類の命運を作用するかもしれない状況です。

あなたの体は、人類の人口よりもはるかに多い細胞で、成り立っているのです。そうです、あなたの体は、すでに小宇宙なのです。ただ、普段の生活では、その実感がないだけなのです。

私は、30歳のとき、胃がんを宣告され、病室で、毎晩男泣きしたものでした。この若さでなぜ死んでいくのか、死んだら何処へ自分はいくのだろうかと、不安で一杯でありました。そんなとき、病室の窓から、見える健康な人の歩いている姿を見て、どれだけ羨ましいと思ったか？

このことは、おそらく大病した人にしか理解できない気持ちだと思います。そのときほど、生命の大切さを感じたことはありませんでした。たとえ現金を一億円持っていても、健康な胃は戻ってこない、また、買うこともできない。このように、普段感じたことのなかった、ジレンマに打ちのめされたものでした。自分の体の健康の大切さと有難さを、あれほど、感じ驚きを覚えたことはありませんでした。

人生大病をするとか、失業するとか、大切な人の死に直面するとか、経験すると人生観が変わると言われますが、その通りであると思います。

東日本大震災で、約3万人の尊い方がなくなりあの日から日本人の心は変わったと思います。

先ほども説明した、ヒトの体を構成する細胞のなかで同じような細胞が集まり、筋組織・神経組織・支持組織・上皮組織などをつくり、やがてその組織が集まり、心臓や肺・肝臓などの器官をつくって、小宇宙の固まりであるヒトの体ができているわけです。

私が、ここで言いたいのは、ヒトの体の基本は60兆個の細胞であるという点です。どんなことや、物にも基本部分が必ずあります。

この人類の人口よりもはるかに多い自分の体の60兆個の細胞は、あなたの脳の働きにより、指示命令を受けて生きているわけであります。

細胞には感情があるのでは

この脳の働きの指示命令者は、そうです、読者の皆さんあなた自身の心なのです。

あなたも、60兆個の細胞と親しくなり、より、働いてもらうためには、人間関係でも同じですが、コミニケーションが重要です。自分の細胞とのコミケーションは、心のなかで、大事な細胞君頑張ってねとか、心から思いやることから始まるのではないかと思います。

そして、細胞にも感情があるのではないかと思うのです。細胞はなにも言いませんが、体を構成する基本部分が組み込まれている個々の細胞君には感情の基本部分も組み込まれていると私は確信しています。

この原理はその他の物質にも当てはまると思います。その証拠にパソコンなども大事に思って使えば長持ちします。また家なども空き家だとすぐに老朽化しますが、誰かが大事に思って住むといつまでも住み続けることができます。

先ほどお話した自分の命の尊さを実感したときも、同じように細胞君も感じていたと確信するのです。

いわんや、あなたの大切なあなたの体をつくっている1つひとつの細胞である細胞君には、あなたの心が通じないわけは絶対にありません。

アメリカの著名なジャーナリスト、ノーマン・カズンズ博士は次のように述べております。

「人間の脳の１５０億個の脳細胞が、考えや希望や心構えを化学物質に変えるほど驚異的なものはない」（松田銑訳『人間の選択』角川選書）

そうです、あなたの思いや考えは、化学物質の変化となって人間を構成する、すべての細胞君に伝達していく訳であります。

逆に考えると、マイナスの思いや考えは、あなたのすべての細胞君にマイナスの化学反応がおこり、全身に瞬く間に伝達していくわけです。

するとどうでしょうか？　すべての自分の回りの事象が移ろいでいきます。あなたが、そのように指示した以上好むと好まないとに係らずそのようになっていくものです。ここが、人生の怖いところです。

そうです、あなた自身の思いは、60兆個の細胞君すべてに作用するのです。ですから、一般的に世間で言われているように、前向きに生きなさいとか、明るく振舞いなさいとか、古くから言われておりますが、その意味はこのことです。

あなたの思いは、60兆個の細胞君すべてに作用

先ほどのノーマン・カズンズ博士の説は最近では、科学的にも証明されつつあるようです。

かつてアメリカのリンカーン大統領が、「40歳を過ぎた人間は自分の顔に責任を待たなければな

〔図表２　細胞君はプラス思考が大好き〕

らない」といわれておりますが、その通りだと思います。

これは、あなたの思いが、60兆個の細胞君に伝達され、顔もあなたの、指示した通りに細胞君が活動しますから、あなたのこれまでの人生が顔にいやおうなしに、現れてしまうのだと思います。赤ちゃんって可愛いですね、人間生まれたときは、誰でも純真です。ですから、赤ちゃんの細胞君も純真なため、あんなに可愛い顔や表情を形づくるのではないでしょうか。

いずれにせよ、あなたの体には、約60兆個の細胞君がいるのです。あなたは、その細胞君の主なのです。

せっかく、この世界に生まれた細胞君のためにも、自分をもっともっと大切にしていただき、人生を大切に生きていっていただきたいのです。

あなたは、おそらく細胞君は感情などないと思っておられると思いますが、60兆個の個々の細胞君は、実は先ほどの感情と同様に意志もあると思っております。

その証拠に、感動的な映画や、テレビドラマを見ると、自分もあのように生きたいとか体中の全身が興奮しませんか。頭の脳だけが、興奮しておりません、なぜか全身が主人公の生き方に興奮しているのです。

そうなんです。あなたの興奮はすべての細胞君にも伝達され興奮しているから、全身でドラマに共感を覚えるのです。

したがって、人生の健康で豊に生きていくためにも、あなたの、大事な細胞君には日々、プラス思考の意志伝達を日々していきたいものです。

2　人生の真の成功とはどういう状態なのか

人生の成功とは

読者の皆さんところで、人生の成功とはどのように考えますか？　次のようなイメージではないでしょうか。

○　会社を経営してお金持ちになる。
○　職場において、部長・取締役などのように昇進する。
○　芸能人のように有名人になる。
○　上記の成功の結果として幸福な家庭をもつ。

このような成功のための、成功本も巷に溢れております。しかし、上記のような、イメージの成功を獲得できる人は、一握りの、100人に1人ぐらいの、意思の強い、実行力のある方であります。後ほど、解説しますが、ランチェスターの法則から分析すれば、強者の戦略のとれる方であります。

皆さんの中には、すでに、前記の成功をすでに達成されている方もいると思います。その方は、すでにランチェスター的に言えば、強者の人材です。

後ほど、マズローの欲求5段階説の箇所でも解説しますが、強者の方でも、一般的な成功のステイタスを獲得されても、一時的には、成功に満足するかもしれません。が、人間の欲望は成功すれば成功するだけ、逆に次の欲望に心が支配されてしまいます。そしていつの間にか、満たされない自分に気がつくのです。

ですから、そこから脱却するため、成長していくのかもしれません。マズローの5段階説で論じるならば、人間は最終的には自己実現の欲望に向かうようです。

本書は、先ほどの強者の戦略がとれる方でなく、いわゆるランチェスター戦略で言われる弱者の方の成功のあり方を考えていきます。

それはどのような方かといえば、学生であれば、不登校の方とか、サラリーマンの方であれば、いわゆるエリートでない、役所的には非キャリアなどの方です。または、失業している方などです。

世間の大半の方は、ビジネス本などを読んで、これは素晴らしいことだと思い、よし、僕も明日からやってみようと決意はするのですが、1週間もすれば、もう忘れています、

〔図表3　エビングハウスの忘却曲線〕

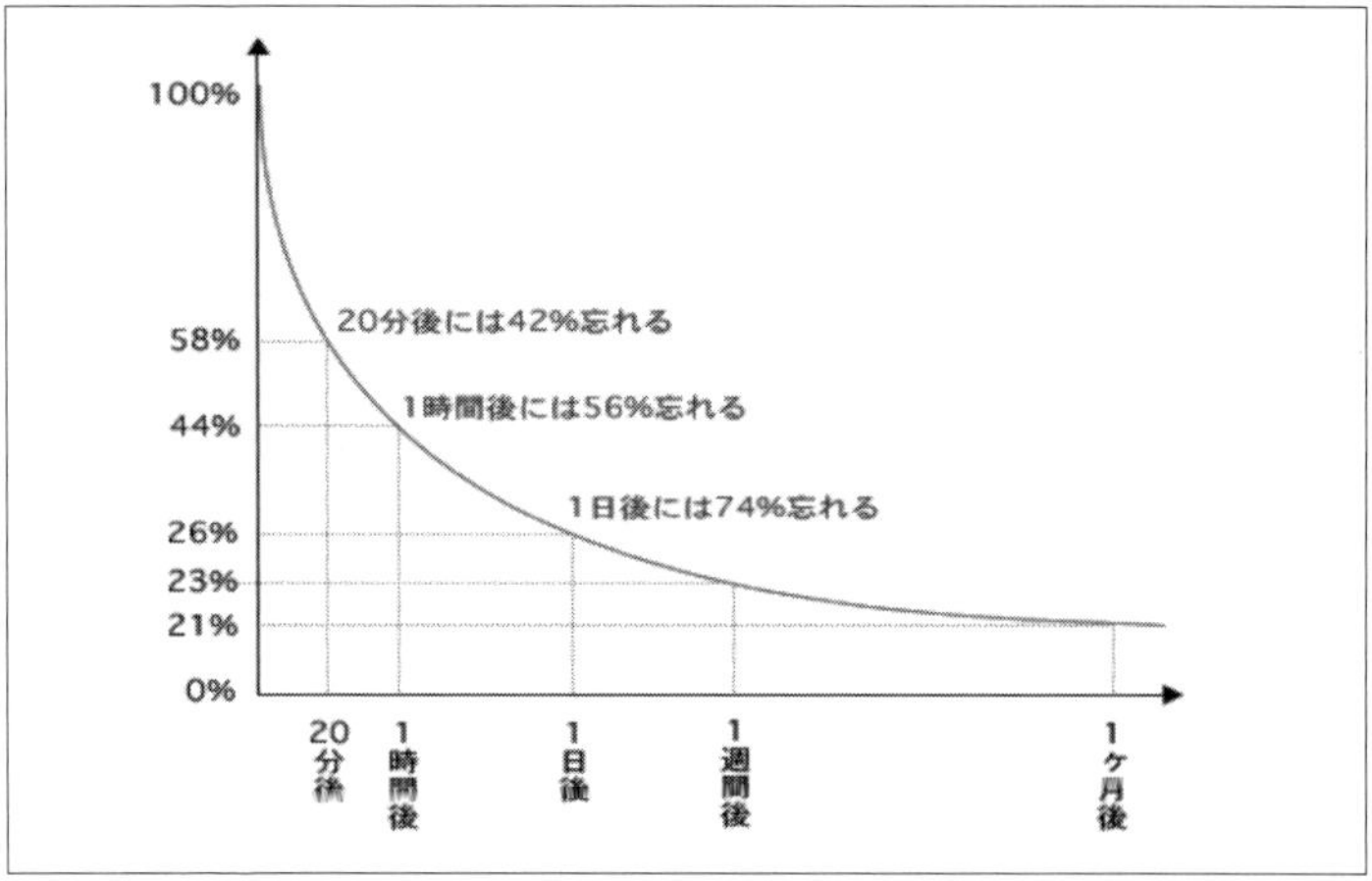

エビングハウスの忘却曲線とは

物忘れの有名な実験結果として、ドイツ人の心理学者ヘルマン・、エビングハウスの「エビングハウスの忘却曲線」があります。その内容は図表3のようになっています。

20分後には、42％を忘却し、58％を覚えていた。

1時間後には、56％を忘却し、44％を覚えていた。

1日後には、74％を忘却し、26％を覚えていた。

1週間後には、77％を忘却し、23％を覚えていた。

1か月後には、79％を忘却し、21％を覚えていた。

以上が実験の結果であります。

いかがですか？　1週間で約8割忘れております。人間の物忘れにビックリされたと思います。ですから、多くの弱者の方は、1週間でほとんど忘れてしまうため中々、一般的な社会的成功が獲得できていないのではないでしょうか。

逆に強者の意思の強い方は、忘れまいとして、自分の目的を紙に書いて、肌身離さず持っているとか、絶対に成功するんだと並はずれた強い信念を保ち続けることができたため、8割といわれる忘却曲線の壁を破ることができ、成功できているのではないかと思います。

巷にあふれた成功者の本を読むと、成功者の共通点として、強い信念と願望を感じます。要するに、多くの成功者の共通点は、自分の仕事の目的を忘れないようにする、強い信念と願望も持った方だといえます。

弱者の方はどうすれば成功できる

それでは、多くの弱者の方はどうすれば成功という名の体験をすることができるのか、考えてみましょう。

前章で、細胞君のお話をしましたが、強者の方も逆者の方も、細胞君の数は同じです。ただ、脳細胞からの、心の指示による化学反応が、強者の方からみると若干スピードが遅いのかもしれません。ですから、訓練すればいいのです。そうすれば、弱者の方も強者の方のように8割の忘却曲線の壁を破り、成功を勝ち取ることができるようになります。

心の転換の化学反応をスピードアップさせる方法の1つは、小さな成功体験を日々大事にして、小さな成功体験を一杯積んでいくことです。

具体的には、社長になってお金持ちになりたいと思うのであれば、そのためには、今年は何をする、今月は何をするといった、目標を細分化して、徐々に大きな目標に近づいていくことです。そのことにより、あなたの60兆個の細胞君は、その小さな成功体験を覚え、その継続と積み重ねによって思わぬ結果に結びついていくことになります。なにせあなたの体には、60兆個のあなたの部下である細胞君がいるわけです。

ではどうしたら、小さな成功体験を積むことができるのか？　あなたのいうことはわかるが、じゃあどうすれば、弱者の我々でもできるようになるのかと思われたことでしょう。

誰でもできる方法の1つとして、あとで解説しますが、ランチェスター法則を活用した時間戦略がピッタリではないかと思います。60兆個の細胞君に最大限に活躍して働いてもらうためにもベストな戦略です。

目標に向かって行動こそ一番のやりがい

このように、何かの目標に向かって、前進し、行動するときが、細胞君にとっても、一番やりがいのあるときであり、我々自身も、その目標に向かって前進して努力して苦労しているなかに、人生の本当の幸福・成功の要因があるのではないでしょうか。人はどんな方でも幸福になりたいと心の底では思っているものです。

知り合いのお母さんが85歳にして、いまだに若い30歳ぐらいの若い恋人を求めているんだというお話をお聞きしました。やはり、女性は何時まで経っても綺麗でいて、恋人を求めて幸福になりたいのだという願望があるのだと思いました。

しかし、なかなか普段の生活で私は幸福だと実感できる人が少ないのが現実ではないでしょうか。どちらかというと、不平や不満が一杯だという方が多いのではないかと思います。

私は今年65歳になりますが、自分の人生を振り返ってみると、本当に辛かったことは、今でもマザマザと覚えているものです。逆に楽しかったことは、あまり覚えていないものです。

あなたはどうですか？　ご自分の人生を振り返ってみると不思議と辛かったことが多く思い出されませんか？　そして、その辛かったことを克服したとき幸福と達成感を感じたものですが、以外と自分の記憶としては、苦労して、努力しているときの映像が、克服したときの喜んでいる自分よりも心に残っているものです。

このことからも、人間は、何かに挑戦しているときが、年齢に関係なく、60兆個の細胞君も自分に与えられた目標に向かって行動しているので、一番に幸福感を感じるのではないかと思います。なぜでしょうか。人間は本質的には、停滞を嫌い、心と体は常に変化していくなかに、成長を繰り返していくからではないでしょうか。

変化している、いわゆる苦労と努力をしているときが、一番に思い出として残るのは人間本来の行動願望が実行されているときだからだと思うのです。ですから、いつまでも記憶として思い出すのではないでしょうか。

もし、あなたがサラリーマンで、窓際族にやられ、何も仕事を与えられなくなったとしたらどうですか？　これほど、辛い仕事はないでしょう。何も仕事がなく楽ですが、果たして、人生のやりがいを感じることができるでしょうか。

そうです、あなたの周りの自然界を見れば、滝などは決して流れがとどまることなく、常に変化しています。

真の成功・幸福とは

人生の成功とは、決して、社長になり、社会的地位もあり、お金持ちになることが、真の成功・幸福ではないと思います。お金持ちになり、それで満足して、目的をなくせば、それは、決して成功とはいえません。

真の成功・幸福とは、常に目標をもって、60兆個の細胞君とともに、挑戦して、行動する中に、人生の真の成功と幸福はあるのではないでしょうか。

ですから、どんな方でも、60兆個の細胞君とともに、行動するとき、誰もが、成功と幸福という列車に乗ることができる資格があるのではないかと思います。

そして、次に重要なことは、仮に会社を経営して、立派な会社の社長にまでなれたとしましょう。そこで、次の行動目標が描けるかどうかです。多くの中小企業の経営者は、一度社会的に成功すると、多くが俺は偉いんだと思いあがり、そこで停滞してしまうケースをよく聞きます。表現はよくないですが、いわゆる成金になってしまう方が多いのです。行動の喜びは薄れ、細胞君もだんだん元気がなくなってしまうと思います。やがて、そのような社長の経営する会社は、だんだん経営状態が悪化して、最悪、倒産・一家離散というケースはよくあることです。

ここで、私が言いたいことは、どんなに社会的に成功しても、謙虚な心を忘れず、停滞してはならないということです。

昨今の新型コロナショックによる会社の倒産をよく耳にしますが、このような経済危機のときこそ、ある意味社長としての真価が試されてくるのではないかと思います。その支えの根底にあるのは実感できないかもしれませんが、あなたの体の中にある60兆個の細胞君に日ごろからどのように対応してきたかどうかではないでしょうか。

別の言い方をすれば、この60兆個の細胞君の実感がないので一般的にいえば自分自身が日ごろからどのような経営努力を積み重ねてきたかどうかといえるのではないかと思います。

3　最初から天才などいないが、あなたはすでに天才なのだ！

天才と凡人の相違とは

かつてアメリカの発明王エジソンが「天才とは1％のひらめきと99％の努力だ」といわれたことは、あまりにも有名であります。だから、天才でもない凡人は、１００％以上努力をしなさいという意味であるのです。逆にいうと、天才と凡人の相違は1％のひらめきがあるかどうかということにもなってきます。この1％はある意味では大変大きな天才と凡人の違いなのです。

私の持論ですが、人生を生きていくという視点では、天才と凡人は皆さんが思うほど大差はないのです。

なぜなら天才も凡人も60兆個の細胞君の数は同じです。私は、1％のひらめきの相違は、この60兆個の細胞君を有効に動かせば、誰もが獲得できる可能性のある話だと思うのです。私は細胞君に最大に活躍してもらう秘訣は、60兆個の細胞君に自分は天才なんだと、自覚することです。

そして、常日頃自分のなかに60兆個の細胞君が存在しているのだと自覚することが重要であります。

我々も、日常のお仕事のなかで、君は素晴らしい素質をもっているね、期待していると上司から言われたら、あなたはどのような気持ちになりますか。学生のあなたに、先生から「君は素晴らしい頭をしているね、もっと頑張ってくれ」と言われたら、体中に電流がはしり、感動を覚えるのではないですか。

これは、自分以外の他人があなたのことを褒めてくれたので、あなたのすべての細胞君が嬉しくて喜んでいるのです。

自分の部下である細胞君にあなたは天才なんだと指示すれば、それなりの動きをあなたの意思とは無関係に細胞君は天才としての動きをしていくものです。

そこで、私の主張は最初から天才などいないが、あなたがすでに天才なんだと自覚した瞬間に、それは全身の60兆個の細胞君に伝達され、あなたはその瞬間から天才の仲間入りになってくるのではないでしょうか。ですから、ある意味、誰もが一個の天才なのであります。

この天才という言葉、不思議な力を感じます。あなたが自分に天才だと言い聞かせると、なぜか、体中にエネルギーが湧いてきませんか。不思議です。

湧いてきた方は、すでに細胞君が天才としての活動を開始されたのです。これから先は、自分は天才になったんだと心を決めて、次の第1章からお読みいただければ、さらに天才に近づいていくものと思います。

何せ、あなたの体の中には、60兆個の細胞君がいるのです。まるで、あなたの体は小宇宙の塊です。その存在を自覚すれば、誰もが自分の人間として生まれてきた、奇跡と喜びに感謝しないではいられません。

細胞君のキャラクター

ここで、我々の誰でも持っている60兆個の細部君の1個の細胞君について、医学的に検証してみたいと思います。先ほど細胞君には体を構成する基本部分が組み込まれているとお話しましたが、それはある意味DNA（デオキシリボ核酸）という化学物質であり、細胞君の中の染色体にある物質だと思います。医学的にはこれが、私たちの体の形態を示す設計図となっているとのことであります。したがって、医学的には説明されておりませんが。ここに感情の基本部分と意思が含まれていると確信する次第であります。

この個々の細胞君に意思伝達を行う器官が、医学的には神経の単位ニューロンという組織です。人間の脳には数百億個のニューロンがあるようです。心臓から送りだされる血液の20％は脳のために使われているとのことであります。我々の考えや希望や心構えはこれらの器官を通して瞬時に個々の細胞君に指示されているのです。

また、最近の研究では60兆個の細胞は、その1つひとつの間で、例えば落ち着いてと伝える制御性T細胞など、様々なメッセージ物質を頻繁にやりとりしてきていることが知られてきているようです。そしてそのメッセージに応じて、必要な合成や変化を起こすため、私たちの体の調和は保たれているようです。

そして60兆個の細胞1つひとつには、病気を治す力など、あらゆる可能性を秘めた遺伝情報が潜在的に備わってきていることが徐々に医学的にわかってきているようです。

医学的にもわれわれの60兆個の小宇宙である、細胞君のイメージを理解していただけたでしょうか。本書で掲載している細胞君のキャラクターは、このＤＮＡの組織に両足、両手、両目を組み合わせてイメージしたものです。これで、細胞君のイメージも、さらにご理解していただけるのではないかと思います。

この60兆個の独立した細胞君が、われわれの体の中にあると考えただけでも、あなたが天才であることを誰も否定できないと私は確信する次第です。

また、このことを各自が深く自覚することが非常に重要なことであると思います。

4　新型コロナウイルスとの闘い

細胞君を破壊する新型コロナウイルス

前節で我々の体を構成する細胞君のイメージいくらか沸いてきたでしょうか。今日は日本だけでなく世界中がこの細胞君を破壊する新型コロナウイルスとの一騎打ちの戦いが今まさに世界中の人々の間で起きております。ある人はコロナに勝利し、ある人はまたコロナに負けて重症になったり、あるいは、悲しいことですが、あの有名な志村けんのように亡くなったりしています。一般的には基礎疾患がある人で、例えば糖尿病などの持病がある人が重症化しやすいなどと言われております。

また、免疫力の高い若い人などはかかりにくいとも言われております。

そして、我々の具体的な日々の行動は密集・密接・密閉先にはいかない、また、手洗い・うがい・除菌と毎日のようにテレビなどで報道されてきております。

読者の皆さんはコロナ対策どのように取り組んでおられますか？　いま記載してきた取り組みなどはやはり非常に重要な取り組みであると思います。

私は、この細胞君という視点でこの新型コロナウイルスとの闘いを考えるならば、本来持っている前節で記載したように、細胞君のもっている免疫力を高めるという取り組みも非常に重要な対策の1つではないでしょうか。

〔図表４　一騎打ちの戦い〕

新型コロナウイルス　　　無敵の細胞君

この免疫とは文字通り「疫＝病気を免がれる」という意味で、医学的には「白血球を中心とする病気の防衛システム」と言われているようです。広義には、唾液や痰などの分泌液の殺菌作用、又は、髪の毛や皮膚のごとく、体をまた、物理的に守ってくれるものまでも含んでいるようです。

また、一般的には免疫力を高めるというと、ヨーグルトなど免疫力を高める食品を食べたらいいのではないかということで、免疫力アップの多くの食品が現在注目を浴びております。

私は、細胞君の免疫力をアップする方法としての様々な方法の中で一番効果があるのが、60兆個の細胞君はその細胞の1つひとつに感情と意思があるので、その1つひとつの細胞君にコロナに絶対に負けない・負けるなといったことを常に指示・命令をしていくことができれば60兆個の細胞君はそのあなたの指示命令にこたえるための行動を必然的にとっていくと思います。

仮にある人がコロナにかかったらかかったでいいなどと安易な気持ちで考えていれば、60兆個の細胞君もそれなりの行動しかとらないと思います。若い人は細胞君も若いので、ある程度の細胞自身の免疫力はありますが、年齢を重ねれば重ねるほど細胞君そのもののパワーもやはりダウンしてしまいます。

なので、私は年配者ほど細胞君にしっかり言い聞かせないとコロナとの闘いに負けてしまう可能性が高いのではないでしょうか。

ちなみに笑うなどということも、この細胞君の免疫力アップには非常にいいといわれております。この笑うという行動を「がん」の事例に考えれば、笑いによって脳への刺激が免疫機能を活性化するホルモンの分泌を促し、通称「殺し屋」の異名を持っている「ＮＫ細胞」を活性化させるようです。ＮＫ細胞は、体内をパトロールして、がん細部を見つけ殺すとされています。このように笑うということは免疫力を結果的に高めることにつながってくることになります。このことは60兆個の細胞君の免疫力の強化に直結してくるのではないでしょうか。

コロナウイルスの研究が世界中の研究機関でされていますが、残念ながら、いまだに、その全容がつかめないのが現実でありますが、私は、コロナウイルスの研究が進めば進むほど、我々の体に存在する60兆個の細胞君の研究も進み、私の提言している個々の細胞君にも感情と意志が存在しているということが徐々に解明されていくのではないかと思っております。

1章

コロナの不安な時代だからこそ人生の総労働時間を真剣に考えてみよう

1　労働とはなにか

労働の役割

この章では、労働をテーマに日本の現状を考えてみましょう。そして天才になるための労働の役割を考えてみましょう。

素朴な質問ですが、労働とは一体なんなのでしょうか？　世界大百科事典には、図表5のように解説されております。

この解説にあるように、その生存を維持するために行う活動となっております。したがって、我々は労働なくして、生存ができないということであります。当たり前のことですが、世界のどこの国をみてもこの考えは一致していると思われます。

人生に目標を持って、挑戦していくときは、この労働が、ベースなってくるということです。人生の成功は、この労働にどのように対処して、望んでいくかが、大変重要な課題になってきます。皆さん、よく考えてみてください。立派な社長になり金持ちになりたいと決意したとします。これが成功するかどうかは、その労働にかかってきます。綺麗な奥さんをもらって幸福になりたい、これもその労働ができてなければかないません。

私はなにもここで、マルクスの資本論に基づいて、労働者とはなにかなど議論する気持ちは全く

〔図表5　ろうどう【労働　labor】〕

社会的存在としての人間が，その生存を維持するために行う活動を，生産と消費に大別することができるとすれば，生産を支える人間の活動が広義の労働であるといえよう。しかしこれはかなり一般化したとらえ方であり，この語の伝統的な用法の中では〈労働〉は〈仕事〉としばしば対置して使い分けられ，それは英語におけるlaborとworkの使い分け方にほぼ一致している。前者は多少とも労苦をともなう活動のニュアンスを，後者は多少とも積極的な成果を展望する活動のニュアンスをもって用いられるといえよう。

ありません。労働というものが人生のどういう位置づけにあるかを考えてみたいのです。

世界大百科事典の解説にもあるように、生存を維持するためということは、労働が目的ではなく、生存していく、いわゆる生きていくための手段の大きな1つであると定義づけをすることができるのではないかと思います。

序章で、自分は天才だと思い、活動を開始し前進しているときが、一番幸福なときではないかとお話しましたが、この活動を労働だと置き換えれば、仕事に目標をもち、チャレンジしているときが、人生でもっとも幸福を感じることができるチャンスではないかと思います。

結果として、お金持ちになったり、綺麗な奥様と幸福な家庭をつくることができているのではないでしょうか。

労働こそ、幸福のベース

日々の労働こそ、幸福のベースになってくるということです。読者の中には、ニートの方とか、不登校の学生さんとかもおられると思います。人間はどんな方も、最終的には幸福を求めております。ですから、人生において労働を避けて通ることができないということをご理解していただけたら幸いです。

学生さんの場合、この労働を学校に行くと読み替えることができます。学校の勉強とは、社会人になり、労働するための、いわゆる予備校であるとも言えなくはないでしょう。

ですから、学校での勉強が人より遅れていれば、社会人として労働を始めた際に、人より労働能力がその分損をしてしまいます。学生さんは、ご自分の人生に損をしないためにも、学校では一生懸命勉強するべきです。

学生さんは、時々何故そんなにも、国語・数学・化学など様々なことを勉強しないといけないかと考えたことはありませんか。私は学生の頃一時画家になりたいと思ったことがありました。何故画家になるのに数学など勉強をしなければいけないかなどと思ったことがありました。

この年になって思うことは、自分では気がつかないかもしれませんが、後々の経験の中で、学習したことが人生の中で何かしら勉強したことが、生かされているということです。また、人間の脳は1度見たり、読んだりしたことはどこかに記憶されているとのことです。その証拠に何年も前に見た映画の映像がマザマザと思い出すことがあります。これなどは、まさしく、脳に記憶されている証拠です。

勉強ができるできないは、この脳の記憶をいかに早くコピーして引き出すかどうかです。

そのスピードがやや速いか遅いかだけの違いであり、誰も、能力にそれほど格差はないと思います。

2　労働時間はどれくらいが適正でしょうか

労働時間とは

先ほど労働の必要性について説明しましたが、ここでは、日本の一般的な労働者の労働時間について考えてみましょう。この労働時間を考えるとき、日本には、労働基準法という法律があり、この労働時間には図表6のような定めがあります。

平成9年に労働基準法が改正されて、1日8時間1週40時間制度が、スタートし今日に至っています。

この労働時間とか賃金の水準を理解するには、厚生労働省が、1948年以来毎年実施している「賃金構造基本統計調査」（以後、本書では賃金センサスと表現します）を参照すれば、最適で非常にわかりやすいと思います。

日本でおそらくこれだけのデータを無料で調査発表しているところはありません。

学生さんやサラリーマンの方には、いろんな職業の賃金とか、地域別の賃金や、時間外労働時間など調べることができますので、就職や転職の際にも、大変参考にしていただけるデータだと思い

〔図表６　労働基準法上の労働時間の規定〕

（労働時間）
第32条　使用者は、労働者に、休憩時間を除き1週間について40時間を超えて、労働させてはならない。
2　使用者は、1週間の各日については、労働者に、休憩時間を除き1日について8時間を超えて、労働させてはならない。

〔図表７　賃金構造基本統計調査（厚生労働省）へのアプローチの手順〕

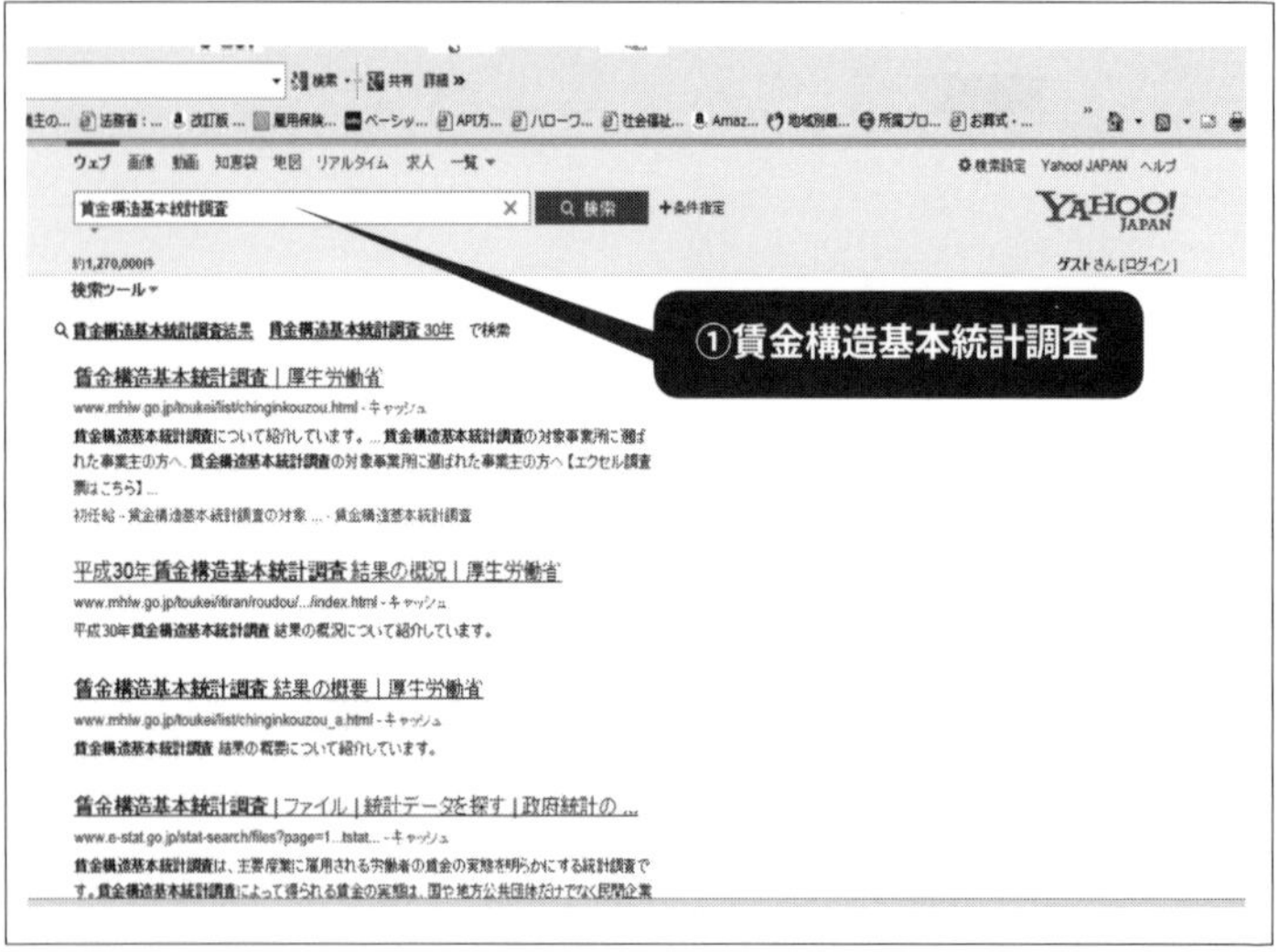

厚生労働省
賃金構造基本統計調査
お知らせ
調査の概要
調査の結果
②こちらをクリック
e-Stat
統計で見る日本
政府統計の総合窓口
3,534件のデータ
賃金構造基本統計調査
③産業大分類をクリック

ます。

実際のパソコンで調べるときは、ヤフーから入って「賃金構造基本統計調査」と入力すれば、今回掲載のデータも簡単に参照できます（図表7）。パソコンは苦手という方でも、簡単に入っていけますので、ご安心ください。

今回読者の皆さんに紹介する、データは図表8の画面になります。これは令和元年の全産業の平均のデータです。ただし、従業員10人以上のデータであります。

100人以上、1000人以上のデータも掲載されておりますが、日本の企業のサラリーマンは、100名未満の企業が9割占めておりますので、読者の多くの方が該当するものです。

しかも、労働者数約2200万人のデータでありますので、信頼性もかなり高いです。

〔図表８　賃金構造基本統計調査全産業平均データ（10人以上規模）〕

区　分	企業規模計（１０人以上）							
	年齢	勤続年数	所定内実労働時間数	超過実労働時間数	きまって支給する現金給与額	所定内給与額	年間賞与その他特別給与額	労働者数
	歳	年	時間	時間	千円	千円	千円	十人
男　女　計 学　歴　計	43.1	12.4	160	13	338.0	307.7	950.9	2 218 142
〜１９歳	19.1	0.9	164	12	198.7	179.0	139.0	20 819
２０〜２４歳	23.0	2.1	161	14	236.0	210.9	396.3	166 317
２５〜２９歳	27.5	4.3	159	16	277.9	243.9	696.4	237 150
３０〜３４歳	32.5	7.1	160	16	313.0	275.9	847.6	237 305
３５〜３９歳	37.5	9.8	160	15	341.9	305.3	962.7	248 956
４０〜４４歳	42.6	12.7	160	14	363.9	329.6	1073.2	290 750
４５〜４９歳	47.4	15.7	161	13	382.4	350.3	1189.4	318 369
５０〜５４歳	52.4	18.5	160	11	402.4	373.5	1313.9	265 481
５５〜５９歳	57.4	20.7	160	10	392.2	367.2	1259.5	215 994
６０〜６４歳	62.3	18.8	160	8	299.6	283.0	684.1	140 568
６５〜６９歳	67.2	15.9	161	8	263.1	249.0	393.5	54 687
７０歳〜	73.0	17.5	161	6	247.8	237.6	244.5	21 746

〔図表９　年齢別労働時間・年収比較表〕

	月間労働時間	決まって支給する現金給与額	年間労働時間	年収 給与×12+賞与	年代別 労働時間	年代別 年収合計
区分	時間	千円	時間	千円	時間	千円
18〜19歳	176	198.7	2112	2523.4	4224	5046.8
20〜24歳	175	236.0	2100	3228.3	10500	16141.5
25〜29歳	175	277.9	2100	4031.2	10500	20156.0
30〜34歳	176	313.0	2112	4603.6	10560	23018.0
35〜39歳	175	341.9	2100	5065.5	10500	25327.5
40〜44歳	174	363.9	2088	5440.0	10440	27200.0
45〜49歳	174	382.4	2088	5778.2	10440	28891.0
50〜54歳	171	402.4	2052	6142.7	10260	30713.5
55〜59歳	170	392.2	2040	5965.9	10200	29829.5
60〜64歳	168	299.6	2016	4279.3	10080	21396.5
65〜69歳	169	263.1	2028	3550.7	10140	17753.5
生涯賃金 生涯労働時間					107,844	245,474

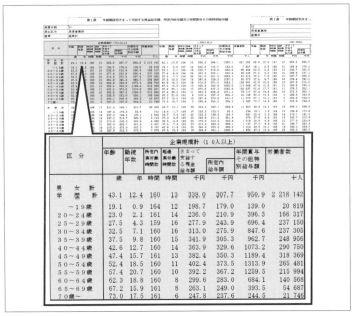

そのデータをピックアップして、そのデータをさらに加工したものが、図表9になってきます。

この図表9を見ていただければ、令和元年の日本の中小業の従業員の労働時間・年収及び生涯年収なども読み取ることができます。この節では、労働時間について、注視してみます。

このデータをみるとどの年代でも、ほぼ168時間から176時間残業時間を含んでの範囲内にあるようです。この数字は1日8時間労働で考えるならば、完全週休2日制で、月平均22日勤務の勤務実態とほぼ合致するところであります。

22日勤務であれば月間総労働時間176時間となり、賃金センサスのデータとほぼ一致するところです。

現在の日本の労働市場は、思うに、完全週休2日制が主流になっています。

仕事柄、ときどき土曜日にアポイントをお客様と取ろうとすると、8割のお客様はどちらかというと嫌な顔をされます。

思えば私が、約40年前サラリーマンになった頃は、土曜日は出勤が当たり前で、隔週に土曜休日があれば、それはなんていい会社だ、なんて思っていたものです。

また、残業も当たり前のように深夜10時・11時とサービス残業の日々であったなんて思い出します。約40年前のことを持ち出しても仕方ありませんが、本当によく働いたと思っております。生命保険会社の新宿支社に勤務していたときは、当時新宿西口の超高層ビル街はまるで、眠らない町のようでした。

働き方改革と日本の賃金の実態

今日の日本や世界の状況を考えれば、働き方改革の推進などもあり、適性な労働時間は、やはり、1日8時間、月間176時間、年間2112時間がベースにならざるをえないのが現状かと思います。ましてや働き方改革の労働基準法の改正により月間100時間以上残業をさせることはできなくなりました。

ここで、皆さんにお願いしたいことは、1日8時間、月176時間、年間2112時間という数字を頭に入れていただきたいと思います。この時間を基本に、ランチェスター法則による時間戦略を、後ほどの章で考えていきたいと思っております。

次に、図表10をみていただきたいと思います。これも賃金センサスのなかの資料です。

この図表10で注目していいのは、学歴で、日本の社会はこんなにも、賃金水準が相違してくるということです。働き盛りの男性で、同じ仕事をしながら、高卒は約35万円、大卒は約54万円となんと19万円も違ってくるのです。年間ではなんと約228万円も違ってしまいます。

あなたのお父さんお母さんが、勉強しなさい、勉強しなさいと口をすっぱくするほど言うのも、一概に言えませんが、このような厳しい現実があるからなのです。

あなたは、この現実を今はあまり、感じないかもしれませんが、親のいうことを素直にきかなければ、この現実にやがて苦しむことになります。

将来あなたが結婚するとき、相手の女性は将来を考えれば、どのような方を選択するかがわかり

〔図表10　学歴、性、年齢階級別賃金〕

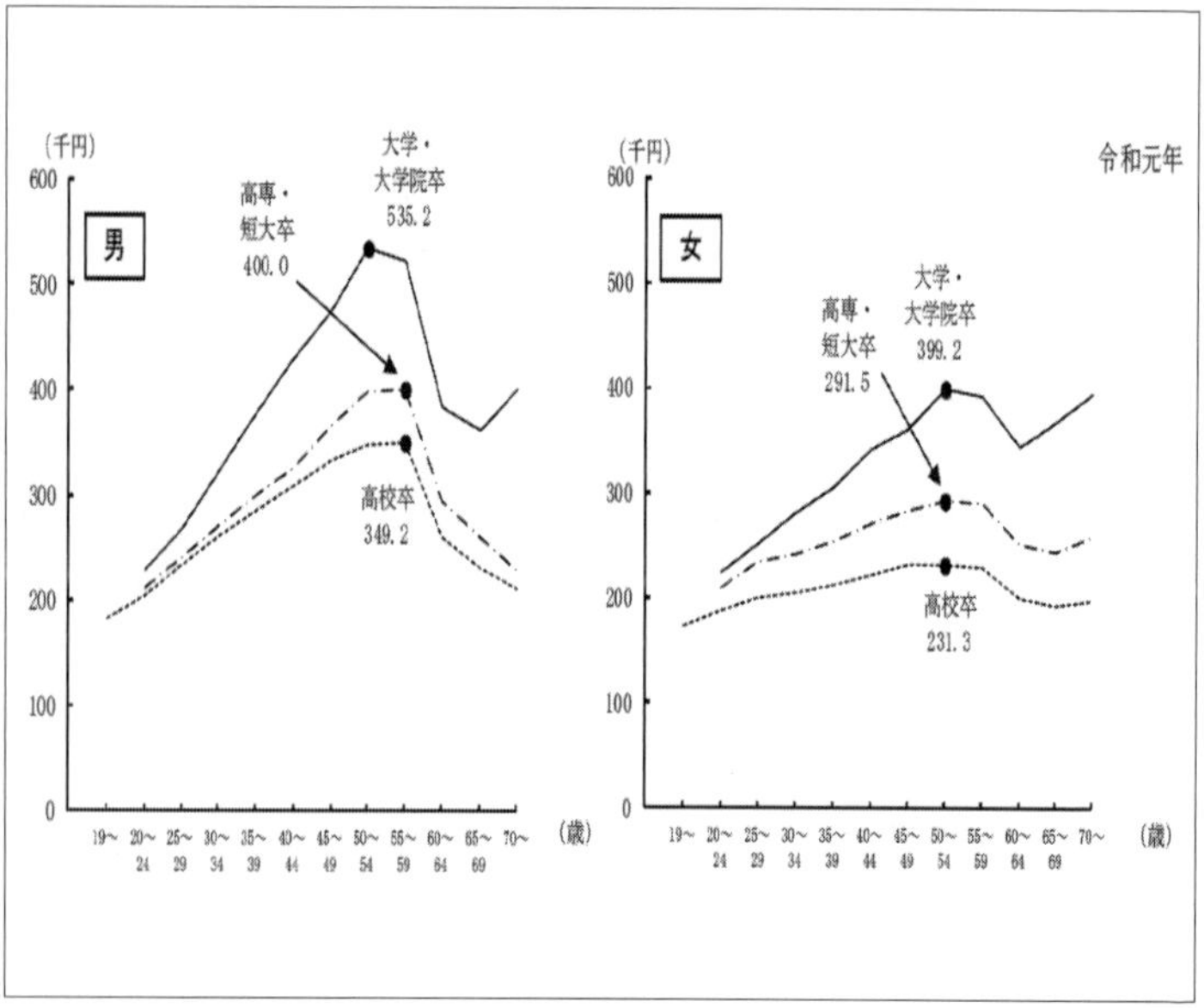

〔図表11　企業別、性、年齢階級別賃金〕

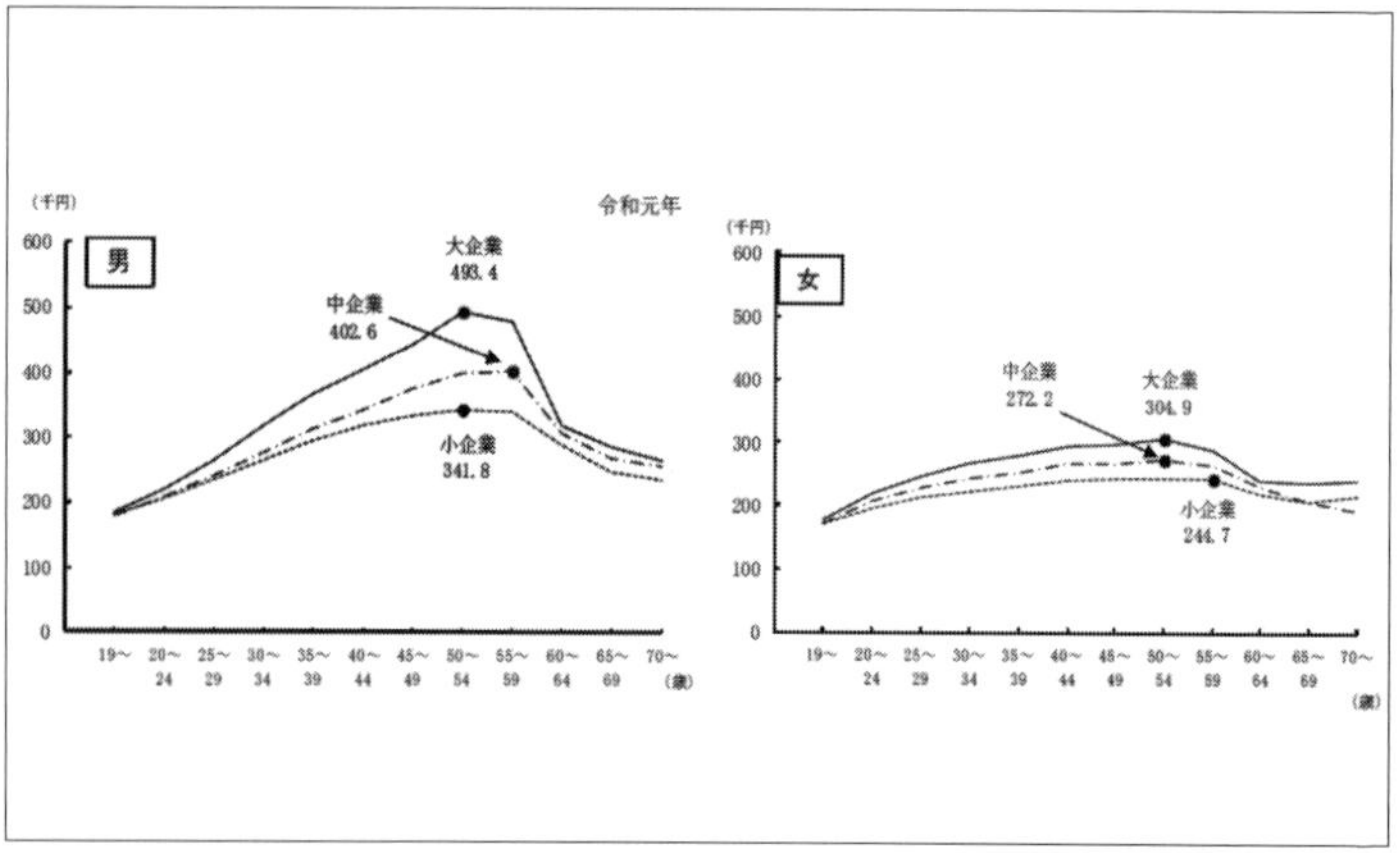

ます。

次も、同じ賃金センサスからのデータでありますが、図表11を見てください。あなたの、勤務先の規模により、令和元年のデータでは、小企業・中企業・大企業で、先ほどの例のように、働き盛りで小企業約34万円に対して大企業約49円とこれも月々約15万円も相違してきます。年間約180万円です。

これが日本の現実です。企業規模により、その差には驚かされます。ですから、あなたのお父さん・お母さんは、あなたに大きい会社に勤めなさいというのです。ご理解していただきましたか。

予断ですが、もしあなたが、フリーターであれば、先ほどのグラフは横に一直線で、いつまでも同じ賃金の可能性が高くなるということです。

また、転職も若いうちならいいですが、年を重ねての転職は、他社からスカウトされるような特殊な能力がない限り、グラフをみれば如何に不利かがご理解いただけましたか。

3　タバコ時間は細胞君（脳細胞など）を弱体化させる

健康増進法の一部が改正

ここで、労働時間を考える中でタバコ時間について考えてみたいと思います。今年4月から健康増進法の一部が改正され、多数の者が利用する施設等の類型に応じ、その利用者に対して、一定の場所以外の場所における喫煙を禁止するとなりました。したがって、今後日本では、多数の者が利用する施設では原則禁煙ということになりました。愛煙家の方にしてみれば、大変肩身の狭い気持ちではないでしょうか。

ここで考えてみたいのは、タバコ時間でどれくらいあるでしょうかということ。

顧問先の社長から以前よく相談を受けたのは、勤務時間中に5分とか10分タバコを吸いにいくのがなんとかならないものかねといった内容でした。仮に勤務時間中に10分タバコ時間で喫煙しているとそれは、図表9の生涯労働時間のうちどれだけの時間になるか計算してみます。

年間労働日数264日とすると、仮に高卒の方で70歳まで働くとします。264日×52年×10分＝137，280分で2288時間となり、日数で約95日分になってきます。

どうですか、1日10分でも約3か月分の労働時間に匹敵します。びっくりであります。

新型コロナウイルスで多数の方が死亡されておりますが、タバコを吸われている方は感染したときに重篤になりやすいといった報道がされております。確かにタレントの志村けんさんもヘビースモーカーのようだったようです。

タバコの煙には、200種類以上の有害物質が含まれており、依存性の強いニコチンやタール、一酸化炭素がよく知られており、50種類以上の発がん性物質が含まれているため、肺がんなどを引き起こすリスクがあるようです。また、子供たちなどには、自分の意思とは関係なくタバコの煙を吸い込んでしまうという受動喫煙リスクも考えられます。

このように、本書のテーマの1つである我々の体にある一番大事な60兆個の細胞君の働きを弱めてしまう、また死亡させてしまうかもしれないという危険性があるということであります。健康増進法の改正もスタートしたので、この際はタバコをやめて、その時間の人生における浮いた3か月間分を有意義な労働時間を考えるべきではないかと思います。

4　働き方改革の時代のなかで残業というものをどうとらえるか

残業の意味

読者の皆さん、残業とはいったいどういうものなのか、真剣に考えたことがありますか。

ほとんどの方が、勤務時間外の労働で、賃金が割増されているとのイメージしかないと思います。

労働基準法的にみれば、1日8時間を超えて仕事を会社がさせたときは、2割5分以上の割増賃金を支払いなさいというものです。

ただし、これが午後10時以降の深夜のときはさらに2割5分増し、また、ある一定規模以上の会社になれば、月の残業が60時間を超えるときは5割増しと定められています。

このようなこともあり、私が日常の社会保険労務士の仕事を通して感じることは、労働者の方はこの残業の割増分を狙って、わざと残業に持ち込んでいるといった傾向も感じられることです。

先ほどのデータからみますと、平均残業時間は13時間となっておりましたが、読者の皆さんは何時間ぐらいの残業でしょうか。労働基準法では、労使協定を結べば、原則月45時間までは、基本的には問題はないとの考えのようです。月80時間や100時間を超えるような労働に対しては事業主の労働者への安全配慮から、注意喚起をしているのが現状です。

ただし、昨年の働き方改革の一連の流れのなかで、残業に関しては、1か月の残業時間の上限規制が施行され、2~6か月平均80時間以内、繁忙期は1か月100時間未満の上限規制が施行されました。大企業が昨年の4月から中小企業が今年の4月からの改正となりました。

残業に至る理由

日本の多くの企業では、私もサラリーマン時代はそうでしたが、残業をできるだけ、多くして遅くまで仕事をしていることが、何か美徳のようにされてきた時代がありました。

ここで、残業に至る理由を図表12にまとめてみましょう。

図表12のような理由が残業にいたる一般的な理由です。残業にもいろいろな形態があるのです。ようするに必要な残業と不必要な残業に分類することができます。

様々な企業の実態を私の経験からいうと、1日1時間ほどの残業時間で、月間20時間前後が、労働者にも負担がなく、最も能率的残業時間ではないかと思われます。

ただし、経営者からみれば残業は2割5分の賃金がアップしている現実ということで、忘れてはならないところです。経営者からみれば、2割5分増しの仕事をしてほしいというのが、本音では

〔図表12　残業に至る理由〕

①仕事が増大し、残業しなくては納期に間に合わない。
②上司が残業しており、自分だけが早く終わることができない。
③残業込みの仕事をして、賃金をできるだけ多くしたい。
④残業しなくても納期は問題ないが、自分のスケジュール的に残業してでも仕事をしておきたい。
⑤残業するが、自分が勝手にするもので、残業代は請求しない残業。

ないかと思います。したがって、残業が多い方は、不必要な残業を繰り返してはならないでしょう。

未払残業代の請求

ところが、最近の傾向として、この労働基準法を逆手にとって、タイムカードに打刻している時間数の残業代をもらっていないので、退社した後で、残業代を支払えと内容証明の通知を突き付けてくるケースが多くなってきています。その解決のために、大変な時間とお金を浪費されている社長もおられます。残業代が不当に支払われていないなら理解できますが、果たして残業であったかどうかわからない時間まで請求してくるのです。いかがなものかと思います。

序章で、目的をもって行動する中に、人生の幸福と天才があるとお話しましたが、残業代を取れるものなら多くとってやれなどという考え方は、あなたの60兆個の細胞君もキット望まないことです。それは、その行動が成長を伴わない考えであるからで、そのような行動は幸福へとは繋がっていかず、かえって人生をマイナスの方向に作用していくのではないかと思います。

ここで、今一度残業代請求と同時に、会社に雇用されたということを考えてみたいと思います。不平・不満はあると思いますが、会社はあなたを雇用して、雇用されている期間は生活ができたわけであります。それに、何よりも人間として大きく成長できています。

会社は1人の社員を雇うのに、毎月の給与の約2割に相当する金額を厚生年金などの厚生福利費として賃金とは別に支払っています。また、あなたが、入社3年未満であれば、多くの会社ではあなたの人件費は赤字です。

どこの会社もあなたを雇用するのに、あなたが想像する以上にあなたに投資しているのです。どうか、雇用されたという、会社への感謝の気持ちを持ちたいものだと思います。

また、昨今の働き方改革のなかで、昨年4月にスタートした有給休暇5日の事業主からの支給義務化とか、先ほどの残業規制とか、同一労働同一賃金の法改正などは働く労働者にとっては、従前よりはある意味日本は働きやすい職場なってきたのではないかと思います。

また、コロナショックの直前まで人手不足人手不足といわれ、人手不足から残業が余儀なくさせられていたケースも多々ありましたが、コロナショックの現在は、残業どころかやむなく休業という事態になってしまいました。

残業どころか仕事をしたくても、仕事がないという時代になり、労働者として働けることの、ありがたさを再認識する時代になってきたのではないでしょうか。

5　人生総労働時間はいったい何時間

ここまで読まれて、労働時間について今までよりも、ご理解が深まったのではないでしょうか。ところで、日本のサラリーマンは、その生涯の労働時間とはいくらになるのでしょうか？　大変興味の湧くところではないかと思います。

先ほどの図表9を見ていただければ、わかると思いますが、生涯労働時間は10万7８４４時間です。

生涯労働時間とは

男性の平均寿命である81歳までの生涯時間が約70万９５６０時間になりますから、人生の7分の1は労働しているわけです。約10万時間、これが日本人の平均生涯労働時間になります。

さてみなさんは、すでに何万時間労働してきましたか？

この生涯労働時間は純粋な労働時間を計算しましたが、高校までの学校での勉強時間をある意味労働時間として考えれば、12年分を1日8時間勉強するものとして８×22×12×12年で2万５３４４時間となり生涯労働時間は約13万３０００時間になります。

高校生までの勉強時間は生涯時間からみるとなんと3・5％にしかないという現実も注目に値すると思います。日本ではこの3・5％の時間をどう生きるかで、人生の大半が決まってしまいます。

仮に、大学まで行ったとしても総勉強時間は8×22×12×16年で3万3792時間で生涯時間の4・8％にしかなりません。いかがでしょうか?

われわれは、学校で勉強してきたと思っておりますが、意外と少ないのです。このデータから面白いことがわかります。

われわれは、社会人として、生きていくためにその総労働時間約10.万時間の4分の1の約2万5000時間をかけて学校で勉強してきたことになります。逆にいえば、自己研鑽で、もっともっと勉強すれば、まだまだ成長できる可能性をわれわれは秘めていると実感する次第です。

女性の場合は、平均寿命が87歳ということでありますので、生涯時間は約5万2000時間のびて、トータルで約76万時間となります。もし、仮に100歳まで生きると、生涯時間は約87万時間になります。人生のこのトータルの生涯時間は、誰もが等しく平等に与えられた人類の資源であると思います。

時間は曲線であると思いますので、この人生の無限の資産である時間を如何に生きるかによって、女性であれば、トータル76万時間は倍の152万時間にも匹敵する生き方もできると思います。

次章の自由労働時間のところで、その勉強のヒントも解説します。

きっとあなたの60兆個の細胞君も、もっともっと勉強して成長してくださいと望んでいると私は思うからです。

したがって、60代でもう齢だなんて考えるのはあまりにも、もったいない考えでしょう。

5　生涯報酬はいったいいくら

生涯報酬とは

ここでは、われわれは人生の生涯で、自分の労働に対していくら稼ぐのか考えてみましょう。

先ほどの、図表9を見てくださいモデル労働者の生涯賃金が2億4547万4000円となっています。約2億4000万円になるのです。いかがですか？　この数字を多いと思うか少ないと思うかはあなたの置かれた状況にもより、いろいろなとらえ方があります。

70歳のときに、2億4000万円の稼ぎに対して、いくら貯蓄が残っているか。ある人は、数億の財産を残こしている方もいれば、財産ゼロの方もおられます。

さてあなたは、どちらのタイプですか。どちらがいいとかは一概に言えませんが、様々な、お金の使い道が人それぞれあるのかなと思う次第です。

ところで、この生涯報酬の時給単価がいくらになるか考えてみたいと思います。先ほどの2億4547万4000円を総労働時間10万7844時間で割れば、2276円となります。

いかがですか？　日本人の一般的労働者の時給は生涯平均で約2200円なのです。どのような、感覚を持たれますか。これを多いと思う方、また少ないと思う方様々な考え方があります。

ただ言えることは、われわれの地元石川県では、時給1000円でも、職安の相場から見れば、時給はわりと高いイメージになります。ところが、このデータではその倍の約2200円です。これを深く考えると、やはり働くのであれば、社員として、しっかり働くことが、いかに有利であるかということではないでしょうか。

もし、時給1000円で、長く勤務するということは、平均的日本人の半分しか稼げない状況下にあるという現実をしっかり見つめていただきたいと思います。

ここで、読者の皆さんの頭に、入れていただきたいことは、平均的日本人労働者は生涯で約2億円稼ぎ、その生涯時給単価は約2200円であるということであります。

別の見方をすれば平均的日本人の方であれば、経営者の視点でみれば、30分仕事をさぼられると、1100円損をするということです。また、サラーマンの方同士で待ち合わせをして、30分遅刻をするということは、そのことにより1100円損害を相手に与えているという事実もこの際認識していただきたいです。

再度、ご自分の生涯年収予想より生涯時給単価を計算していただき、自己分析をしてください。あなたは、今のままで、今後の人生を生きていくうえで、満足の時給単価でしたか。細胞君は、きっとあなたが、もっと努力して、満足できる時給が稼げることを望んでいると思います。なぜか細胞君も豊かになりたいと思っているからです。

つい最近まで、人手不足人手不足で、飲食店では金沢でも時給1300円とか1500円といったお話も多々ありましたが、まだまだ時給2200円には届かない状況です。

2章

マズローの
欲求5段階説と
5つの報酬

1　マズローの欲求5段階説は面白い！

マズローの欲求5段階説とは

次に、人生を考えるうえで、大変参考になる学説を紹介します。

アメリカの有名な心理学者マズローの欲求5段階説です。

ポイントは誰もがわかりやすく、様々に活用しやすく、応用しやすいことです。自分は天才だと自覚して、自分の人生の目標方向を決めていく際には大変参考にしていただける学説です。

サラリーマンや学生の方が、これから社会でいろいろな方とお仕事をされるケースも多々あるのではないかと思いますが、その際に、このマズローの欲求5段階説のどのステージにいる人なのかを考えて、お仕事をしていくと相手の気持ちがよく理解できるようになるでしょう。

このマズローの欲求5段階説は、マーケティングの世界でよく活用されています。お客様のターゲットを決めていく際などには、最適な考え方ではないかと思います。

私などは、社会保険労務士の仕事がら、会社の労務トラブルもよく相談を受けることがあります。その際、この問題は金銭解決なのか、人事の処遇対策で解決なのか、などの判断の考え方の1つとして、日常的に活用しております。読者の皆さんもこの際、自分なりの活用の仕方を見つけられたら、大変に役に立つと思います。

2　天才とは欲求5段階説でとらえるとこうなる！

マズローが唱えた欲求５段階説では、図表13のように、人間の欲求は５段階のピラミッドのようになっていて、底辺から始まって、１段目の欲求が満たされると、１段階上の欲求を志すというものです。その各段階は生理的欲求、安全の欲求、親和の欲求、承認の欲求、自己実現の欲求という段階になります。

最初に、生理的欲求とは、人間が生きる上での衣食住等の根源的な欲求です。サラリーマンという視点に立てば、失業していた人が、やっと就職できたかという状況になってきます。したがって、この段階の人にはとにかく賃金がいくら貰えるかというような基本的な労働条件が、一番重要な課題になります。この段階の方のモチベーションアップには、賃金の多い少ないが最大の関心事になってきます。求人においては、この生理的欲求をいくらかでも満たすため、いい人材を募集したいと思えば、世間相場より高めに求人票を職安に提出するといった取り組みになってきます。

その欲求が満たされると次の欲求である安全の欲求になり、先輩従業員の方に早く一人前に認められたいと考えている状態で、給料は世間並みの水準かどうかなど、賞与はどれくらいかなどと気にしてくる段階です。

それも達成すると、次は親和の欲求であります。他人と関わりたい、他者と同じようにしたいな

〔図表13　マズローの欲求５段階説〕

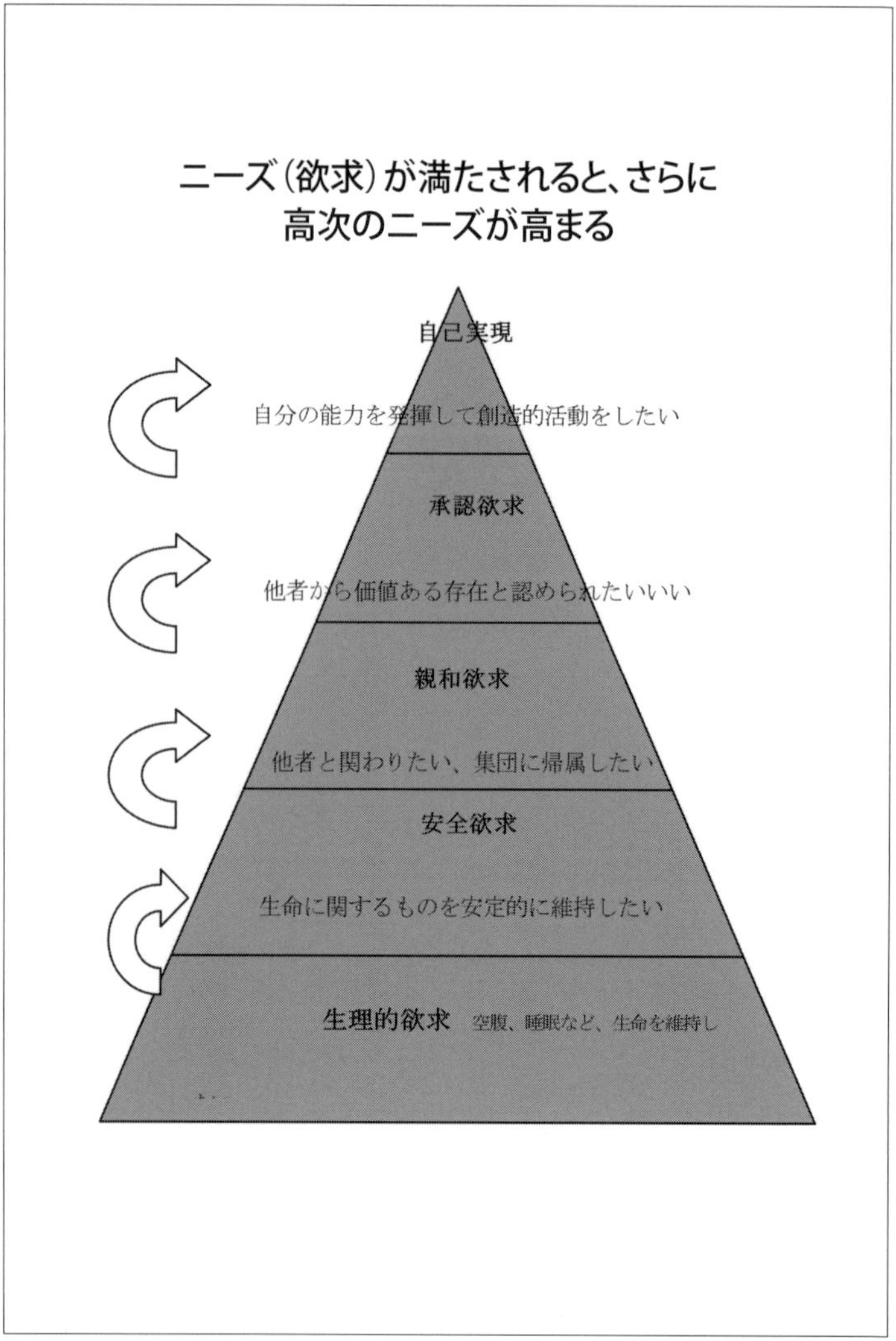
ニーズ（欲求）が満たされると、さらに
高次のニーズが高まる
自己実現
自分の能力を発揮して創造的活動をしたい
承認欲求
他者から価値ある存在と認められたいいい
親和欲求
他者と関わりたい、集団に帰属したい
安全欲求
生命に関するものを安定的に維持したい
生理的欲求　空腹、睡眠など、生命を維持し

どの集団帰属の欲求であります。この段階の人はサラリーマンでいえば、入社３・４年目の従業員が該当してきます。

この段階で、モチベーションアップには賃金だけでなく、仕事に権限や、達成感などを与えることが必要になってきます。

そしてその段階も達成すると、次の欲求は、承認の欲求と言われるもので、自分が集団から価値ある存在として認められ、尊敬されることを求めてくる、いわゆる認知欲求が起きてきます。

サラリーマンでいえば、仕事もベテランになり、課長、部長といった地位に目覚めてくる段階です。

ですから、この段階の従業員はお金よりむしろ役職がモチベーションアップに影響を与えます。

そして、この段階の欲求も達成すると人は、自己実現の欲求という、自分の能力・可能性を発揮し、創造的活動や自己の成長を図りたいという欲求に成長してきます。

サラリーマンでいえば、自分に権限を与えてもらい、あるプロジェクトをやり上げるなどになってきます。

いかがでしょうか？　天才として自覚して、自分の大切な人生を考えるときはこのような、マズローの欲求5段階説を踏まえながら、考えていくと、わかりやすいし、明確な目標を定めることができます。このような、考え方はあなたの60兆個の細胞君も理解しやすいし、力を発揮してくれるので、天才としてのその秘められた能力をいかんなく発揮していくことにつながってきます。

先ほど、60兆個の細胞君にも感情の基本部分があるとお話しましたが、これは、マズローの欲求

５段階説によれば、個々の細胞君の欲求にも当てはまるということです。それでは細胞君の自己実現とは、どういうものなのかでありますが、それは、あなたの心が求める、自己実現への欲求と一致してくると思います。

ですから、あなたが、自己実現に向けて努力しない行動をすれば、細胞君は本来の細胞君が望むことではないことに行動するので、パワーが発揮されないのです。そのため心の中で自問自答して悩んでしまうのです。細胞君と同じ方向に向かえば、悩まないのです。

3　人生も5段階で考えるとわかりやすいのだ!

自己実現にチャレンジする

読者の皆さん、ここでは前節のマズローの欲求５段階説で、人生を考えるとどうなるか考えてみましょう。

５段階の生理的欲求の段階とは、子供さんが学生のときです。とにかく生きていくための必要最低限のことを学校で勉強していく時期であり、先ほど図表13をみればわかりますが、三角形の底辺のいわゆる人生の基礎を形づくる時期です。

次の２段階目が安全の欲求のステージです。

これは、ある会社に就職して、人生の方向性を決める時期ではないかと思います。自営の方であれば、商売を始めたときではないでしょうか。

３段階目の親和の欲求になると、会社でもある程度責任を任され、主任クラスになり、同僚とか、よその会社の労働条件とか、気になってきている段階です。

次の４段階目の承認の欲求の段階になると、会社でも部長とか、取締役といったことで、従業員からある程度認知される状況になってくる段階です。サラリーマンであれば、この段階の延長戦上にあるのが定年退職ということです。

そして、５段階目が、自己実現の欲求の段階になってきます。この自己実現の欲求まで到達できる人は少ないのではないかと思われます。自己実現ということは、自分の人生目標を達成するということにもなってきます。

もう、自己実現まで達成されておりますか。中には親和の欲求で、ストップしている方も多くいらっしゃるのではないかと思いますが、サラリーマンで、自己実現の欲求まで、達成できる方はまれです。

ランチェスター戦略の視点でみれば、サラリーマンで、自己実現までできた方は一握りの強者の方だけです。多くの方は、大企業であれば部長にもなれないで、定年を迎えられるのでしょう。

そこで、私の提案したいことは、この自己実現の5段階は、サラリーマンの方であれば、定年後にこの自己実現の段階をチャレンジしたらいいのではないかということです。定年後は引退されるのではなく、また、人生の総仕上げでもなく、あらたな出発のスタート時点に立ったと思って、人生の最高目標の自己実現にチャレンジしたらいいのではないでしょうか。

生涯現役こそ最高の健康法

私は、以前から生涯現役を標語してきました。これこそが、人生の最高の健康法であると思っています。男性人生平均寿命の81歳まで生きていくためには、定年と同時に自己実現のために、事業などをあらたに開始してもいいのではないでしょうか。人生は2蒙作、自己実現の夢を忘れてはいけないと思うのです。

マズローの欲求5段階説が説いているように、私はいかなる人間も、最終的には、自己実現を目指すのではないかと思います。なぜ自己実現を目指すのか、これは最終的には人は誰でも幸福を求めてやまないからです。

以前あるお医者さんから、大変興味深いお話をお聞きしました。それは、患者さんが亡くなるとき、そのほとんどの方が、死ぬまでにあれもやり、これもやればよかったと後悔されるということです。逆に一生懸命にいろいろなことにチャレンジされた方は、亡くなられるときも、すがすがしさを感じることが多いとお話されておりました。

このお話を聞いて、なるほどと思いました。やはり、マズローの欲求5段階説の自己実現に向かうことの意味が改めて理解できたように感じたのです。ですから、サラリーマンを定年で引退されて、その後の人生の自己実現に向けて努力していかなければ、人生の最終において、後悔することになってしまうのではないかと思います。

人生は明日はどうなるかなど何の保障もありません。まして、現在はコロナウイルスという未知のウイルスとの戦いでいつ自分が感染してしまうかもわからないのが現状です。毎日が波乗りに例えることができると思います。明日、交通事故で死んでしまうことも考えられますし、脳梗塞で倒れてしまうかもしれません。そんな、不確定な人生だからこそ、いま、自己実現の欲求が具体的にイメージできなければ、ぜひ本書で探していただけたら幸いです。

4　労働の対価である報酬をどうとらえるか

報酬の種類

次に、人生で大切な労働の対価としての報酬をどのようにとらえるか？　考えてみましょう。

労働の報酬には図表14の種類があります。

あなたはどのタイプですか？

学生のあなたであれば、どのタイプの職業がいいですか。お父さんお母さんが、勉強しなさいしなさいと口を酸っぱく言うのは図表14の③のお仕事のように、若い頃はいいですが、年齢を重ねるとともに、大変な肉体労働のような仕事で、息子さんに苦労かけたくないからです。

もし、あなたが、中学しかでておらず、専門的な技能も持っていなければ、真夏に炎天下で、道

〔図表14　報酬の種類〕

①どちらかというと、事務系のサラリーマンの報酬
②営業系のサラリーマンの報酬
③肉体労働の対価としての報酬
④車などの運転に対する報酬
⑤デザインなどの特殊技能（職人など）に対する報酬

路工事をしているような、比較的人が避けたがる、重労働の割に賃金は安い仕事しかできなくなる可能性が多くなってくるからです。

真夏の炎天下、シャベルをもって1日お仕事ができますか。そのようなお仕事が好きであればその選択もあります。

もし、自分がやりたいことがあるのであれば、今の日本では、勉強して大学へ行くことがある意味最短コースであるというのも、あながち間違いではありません。ですから、あなたのお父さんお母さんは、あなたの将来のことを思って勉強しなさいとあなたに強く言うのです。

次に先ほどの5つのタイプの職業とその他の様々な職業の方の賃金の賃金センサスのデータを図表15に掲載しましたので、将来の職業選択の際にご参考になれば幸いです。男女計、男性、女性と分類されております。

このデータは従業員10人以上で、サンプル数をその職種ごとに、掲載されています。どの職種もかなりのサンプル数に基づくデータですので、かなり賃金の実態を分析できます。

また職種も４００職種ほど掲載されておりますので、この一覧を眺めているだけで、自分のやりたいお仕事が見えてきます。そして、自分が目指そうと思った職業が何か資格がいるのかどうかなども、早速ネットで検索して調べればすぐ理解できます。

興味深いのは、労働時間数や残業時間数も掲載されておりますので、残業が多い業界かどうかも判断できます。きっとあなたの興味が持てるお仕事が見つかると思います。

４００種のお仕事を詳細に眺めると、賃金がかなり高い職種などあります。

傾向として、高い報酬を望むときは、大学とか資格を有しているという条件がつく傾向が強いと思われます。

このように報酬と一口に言っても様々な報酬の形があるのです。このデータをみれば、各職種の1か月の平均の労働の賃金や賞与もわかりますので、大変参考になるデータです。

あなたが、どのタイプの報酬の人生を歩んでいくかで、あなたの約60兆個の細胞君も、何のために、汗をあなたとともに、流していくのかが決まってしまうわけです。このように、職業の選択は人生で一番重要な課題の1つです。

また職業を選択したとき、どのような仕事でも最低3年間は一人前になるまでにかかります。そう簡単に仕事は変更できないということもシッカリ考えていただきたいと思っています。

幸いに日本は職業選択の自由が日本国憲法に保障されております。

〔図表15　令和元年賃金構造基本統計調査〕

職種別第１表　　職種別きまって支給する現金給与額、所定内給与額及び年間賞与その他特別給与額（産業計）

表頭分割	01

区　分	企業規模計（10人以上）							
	年齢	勤続年数	所定内実労働時間数	超過実労働時間数	きまって支給する現金給与額	所定内給与額	年間賞与その他特別給与額	労働者数
	歳	年	時間	時間	千円	千円	千円	十人
男女計								
自然科学系研究者	39.0	10.4	153	10	451.3	422.1	1396.9	3 702
化学分析員	38.3	11.0	154	11	319.7	291.8	1113.0	2 893
技術士	46.1	13.7	158	12	439.4	405.8	1396.5	2 086
一級建築士	48.6	13.4	165	17	461.8	410.3	1487.2	2 468
測量技術者	44.4	14.5	167	12	323.7	300.8	803.3	1 982
システム・エンジニア	38.8	12.0	156	14	380.0	345.9	1129.0	30 107
プログラマー	33.8	7.1	160	13	304.4	278.0	605.2	7 691
医師	40.7	5.2	156	15	910.0	805.5	772.3	6 707
歯科医師	36.0	5.7	158	2	450.4	439.1	296.2	1 333
獣医師	40.5	9.2	165	10	425.9	395.2	604.8	236
薬剤師	39.4	7.9	160	11	398.6	367.8	833.3	5 895
看護師	39.5	8.2	154	7	334.4	302.4	816.3	63 031
准看護師	50.2	11.6	158	3	282.4	261.9	641.6	14 019
看護補助者	46.7	8.5	155	2	216.4	202.5	435.1	10 875
診療放射線・診療エックス線技師	38.9	10.0	158	11	346.2	311.5	865.1	3 449
臨床検査技師	38.7	10.1	157	12	311.4	280.3	875.4	4 378
理学療法士、作業療法士	33.3	6.2	158	5	287.5	276.6	646.4	15 718
歯科衛生士	34.9	6.7	162	6	268.7	256.8	480.4	2 540
歯科技工士	38.6	10.1	171	15	296.2	267.5	293.5	1 072
栄養士	35.4	7.7	163	8	246.4	233.2	608.2	7 108
保育士（保母・保父）	36.7	7.8	163	4	244.5	238.0	700.6	25 614
介護支援専門員（ケアマネージャー）	49.9	9.3	161	5	275.2	265.1	628.0	7 250
ホームヘルパー	48.9	7.3	161	7	240.8	226.8	387.4	6 646
福祉施設介護員	42.6	7.1	162	5	244.5	229.7	531.7	79 386
弁護士	40.1	5.5	160	1	502.5	501.2	1255.6	264
公認会計士、税理士	42.7	11.0	154	16	472.0	420.2	1171.5	518
社会保険労務士	44.7	13.4	170	11	334.9	313.5	841.4	60
不動産鑑定士	46.6	7.5	146	0	490.3	490.3	1662.3	6
幼稚園教諭	34.3	8.2	165	2	244.1	240.1	737.9	7 350
高等学校教員	43.7	14.3	161	2	441.1	436.5	1800.4	6 752
大学教授	57.7	16.3	154	1	669.5	667.2	2972.2	7 233
大学准教授	47.8	10.8	155	1	542.9	538.5	2208.8	4 646
大学講師	43.7	7.6	154	2	473.0	463.3	1513.4	2 835
各種学校・専修学校教員	44.3	10.2	163	6	355.3	342.8	775.4	3 785
個人教師、塾・予備校講師	36.9	8.4	167	8	290.3	274.6	453.3	1 552
記者	39.0	13.6	151	12	515.5	464.7	1736.2	1 343
デザイナー	37.0	9.0	166	8	307.4	292.0	638.8	3 440
ワープロ・オペレーター	42.3	10.1	163	12	254.9	234.0	510.6	1 714
キーパンチャー	43.9	13.8	152	5	218.1	211.0	365.0	287
電子計算機オペレーター	38.2	10.4	158	11	266.7	243.4	606.6	2 199

区　分	企業規模計（10人以上）							
	年齢	勤続年数	所定内実労働時間数	超過実労働時間数	きまって支給する現金給与額	所定内給与額	年間賞与その他特別給与額	労働者数
	歳	年	時間	時間	千円	千円	千円	十人
百貨店店員	42.8	12.7	158	6	236.5	224.2	410.1	7 172
販売店員(百貨店店員を除く。)	40.2	9.4	165	12	244.9	225.0	398.1	49 007
スーパー店チェッカー	43.2	9.7	163	7	193.6	182.5	173.9	4 887
自動車外交販売員	37.2	12.7	168	18	351.4	313.9	925.8	4 765
家庭用品外交販売員	40.8	6.9	170	13	340.8	312.5	558.5	318
保険外交員	46.1	10.1	136	1	292.8	290.7	537.9	16 355
理容・美容師	31.2	6.5	175	6	255.1	245.3	52.8	1 889
洗たく工	46.7	11.1	166	11	206.6	190.9	210.9	1 739
調理士	43.8	8.6	169	14	252.6	228.7	382.2	17 784
調理士見習	46.0	7.0	166	15	207.8	186.3	140.5	3 053
給仕従事者	39.8	7.3	168	14	236.9	213.6	220.1	10 869
娯楽接客員	37.5	7.7	165	6	248.5	236.1	276.4	8 143
警備員	51.6	9.1	167	25	248.6	208.3	283.2	17 999
守衛	57.6	11.3	166	10	241.4	217.4	417.1	1 123
電車運転士	39.1	17.5	146	16	389.7	329.0	1511.6	3 352
電車車掌	36.0	14.6	143	13	351.2	303.3	1506.4	2 010
旅客掛	36.9	13.2	158	17	338.1	287.6	994.1	3 622
自家用乗用自動車運転者	56.7	7.1	[illegible]	[illegible]	[illegible]	230.0	402.6	2 125
自家用貨物自動車運転者	47.6	11.1	173	23	302.7	258.7	435.9	7 294
タクシー運転者	59.7	10.5	172	21	281.7	239.9	195.4	12 758
営業用バス運転者	50.7	11.6	162	41	331.7	250.7	682.8	8 642
営業用大型貨物自動車運転者	48.5	11.2	177	38	352.6	286.3	329.9	31 657
営業用普通・小型貨物自動車運転者	46.4	10.5	172	36	315.8	256.3	404.8	26 851
航空機操縦士	39.4	10.3	140	1	1224.3	1197.1	2254.5	554
航空機客室乗務員	32.0	8.2	146	2	340.8	337.4	869.5	497
男女計								
製鋼工	39.4	14.1	158	25	327.3	264.2	986.4	1 574
非鉄金属精錬工	40.5	13.1	160	16	321.9	280.0	1038.7	960
鋳物工	39.4	11.2	164	24	314.6	257.0	769.7	1 792
型鍛造工	37.0	12.0	165	19	321.0	272.5	973.7	944
鉄鋼熱処理工	40.2	11.5	165	24	316.3	261.7	770.8	1 182
圧延伸張工	37.8	14.5	155	23	344.0	274.3	1054.9	1 759
金属検査工	40.4	9.8	160	17	262.7	230.8	477.0	2 893
一般化学工	38.5	11.8	157	16	312.8	267.1	1008.7	6 749
化繊紡糸工	42.7	16.1	161	8	291.4	265.1	834.4	1 035
ガラス製品工	41.5	14.1	157	15	297.3	261.3	844.3	1 371
陶磁器工	43.2	13.8	160	12	285.7	253.5	755.6	479
旋盤工	40.6	13.2	170	22	308.0	260.3	810.9	4 151
フライス盤工	41.6	12.0	172	28	303.9	252.9	647.3	2 014
金属プレス工	42.0	13.2	170	20	282.6	244.9	610.4	6 262
鉄工	41.2	12.4	171	22	306.1	266.4	766.5	4 963
板金工	41.9	11.7	172	19	300.0	265.2	623.0	2 832
電気めっき工	42.0	13.1	170	16	294.1	257.4	672.2	980
バフ研磨工	44.0	12.1	170	11	272.6	253.7	575.1	301
仕上工	43.0	11.2	168	22	279.6	239.7	571.9	2 760
溶接工	40.8	11.1	169	24	311.7	264.4	630.3	6 841

区　分	企業規模計（10人以上）							
	年齢	勤続年数	所定内実労働時間数	超過実労働時間数	きまって支給する現金給与額	所定内給与額	年間賞与その他特別給与額	労働者数
	歳	年	時間	時間	千円	千円	千円	十人
機械組立工	40.4	11.8	159	19	294.2	248.6	795.8	16 369
機械検査工	41.2	11.4	160	17	278.1	242.3	720.3	3 528
機械修理工	39.2	12.9	161	22	325.9	276.0	981.6	5 069
重電機器組立工	41.7	12.5	157	16	285.0	252.0	752.9	1 592
通信機器組立工	42.8	13.1	163	12	241.2	217.5	520.0	1 182
半導体チップ製造工	41.2	14.7	153	19	295.9	248.3	838.7	2 582
プリント配線工	41.9	12.5	163	21	241.3	205.1	338.9	1 663
軽電機器検査工	43.9	8.0	161	15	225.5	203.7	242.5	619
自動車組立工	38.4	11.9	155	23	341.7	273.2	966.3	5 520
自動車整備工	37.6	11.9	167	20	302.0	264.6	784.2	11 394
パン・洋生菓子製造工	40.2	10.8	166	22	251.0	212.5	394.5	6 658
精紡工	48.7	10.6	169	11	209.9	192.6	224.8	176
織布工	44.6	11.8	167	5	231.4	221.2	436.3	806
洋裁工	45.5	10.7	172	13	178.1	163.6	67.1	506
ミシン縫製工	44.9	11.8	172	10	170.9	159.6	124.5	3 663
製材工	44.3	10.4	172	15	252.7	227.9	371.1	1 320
木型工	46.6	12.3	172	14	251.7	226.6	418.7	124
家具工	43.2	12.8	172	17	258.8	232.5	325.3	1 398
建具製造工	42.8	11.2	170	17	255.9	228.5	535.4	651
製紙工	40.9	12.9	157	20	297.4	247.0	673.6	2 055
紙器工	41.3	12.2	170	17	266.4	233.2	626.3	3 140
プロセス製版工	45.2	15.3	175	11	300.4	277.9	499.4	337
オフセット印刷工	41.4	15.6	166	20	319.1	268.7	514.5	2 095
合成樹脂製品成形工	38.4	10.3	167	18	277.1	236.9	643.2	6 130
金属・建築塗装工	42.6	13.2	168	24	313.3	267.7	536.2	1 893
機械製図工	40.2	11.7	160	20	328.5	288.2	861.1	2 479
ボイラー工	50.6	10.3	165	14	273.4	235.7	540.7	489
クレーン運転工	44.2	12.4	167	34	367.8	294.9	688.8	2 258
建設機械運転工	47.9	12.5	167	22	307.5	264.8	519.4	4 995
玉掛け作業員	43.1	11.3	165	29	308.5	256.8	675.6	892
発電・変電工	37.3	13.8	151	18	342.4	295.5	1076.0	1 523
電気工	40.8	13.2	169	23	326.1	279.1	811.4	10 323
掘削・発破工	51.3	14.3	179	30	470.2	410.5	527.6	293
型枠大工	45.0	9.2	164	12	311.3	286.1	148.4	945
とび工	41.6	10.1	174	13	307.4	280.0	241.2	2 377
鉄筋工	43.8	13.5	158	13	331.6	305.5	472.9	955
大工	42.8	10.9	178	14	320.3	295.8	305.5	1 445
左官	46.5	15.0	182	8	296.7	276.0	305.7	1 351
配管工	43.9	11.3	180	18	341.5	306.3	567.0	3 124
はつり工	44.5	9.6	163	6	274.6	263.2	316.3	347
土工	48.3	10.7	167	11	298.7	276.6	345.1	9 280
港湾荷役作業員	42.7	14.5	159	42	373.1	274.2	849.4	2 017
ビル清掃員	54.6	8.4	163	9	202.8	189.3	175.5	8 806
用務員	56.1	10.1	160	5	203.3	195.7	381.8	1 541

区　分	企業規模計（10人以上）							
	年齢	勤続年数	所定内実労働時間数	超過実労働時間数	きまって支給する現金給与額	所定内給与額	年間賞与その他特別給与額	労働者数
	歳	年	時間	時間	千円	千円	千円	十人
男								
自然科学系研究者	39.6	10.5	153	10	474.4	443.6	1374.8	2 806
化学分析員	38.6	11.7	155	13	344.7	310.2	1279.4	1 819
技術士	46.6	14.0	158	12	443.1	408.9	1416.6	1 951
一級建築士	49.6	14.2	166	16	473.0	420.6	1504.9	2 128
測量技術者	44.9	15.0	167	12	329.2	306.3	827.8	1 835
システム・エンジニア	39.4	12.4	156	15	390.0	354.1	1161.6	24 792
プログラマー	34.3	7.6	161	14	314.6	286.0	648.5	6 015
医師	41.6	5.5	157	17	955.3	840.8	805.8	4 869
歯科医師	36.8	5.4	161	3	515.3	499.3	339.7	722
獣医師	44.5	11.7	164	11	461.7	429.5	705.9	154
薬剤師	39.4	7.7	161	14	426.6	388.1	886.8	2 350
看護師	36.0	7.2	154	6	343.7	307.3	836.4	6 591
准看護師	43.9	12.7	157	3	296.8	272.1	687.5	1 413
看護補助者	40.0	7.2	156	2	225.6	216.0	151.1	1 060
診療放射線・診療エックス線技師	41.1	11.0	159	11	359.7	323.5	887.9	2 318
臨床検査技師	39.3	10.6	157	14	342.9	304.3	897.7	1 249
理学療法士、作業療法士	33.3	6.1	160	5	297.2	285.3	655.4	8 640
歯科衛生士	23.5	1.5	141	0	197.1	190.3	719.2	10
歯科技工士	42.0	12.1	171	13	321.0	293.3	324.6	733
栄養士	33.0	6.2	163	13	256.9	232.7	610.6	362
保育士（保母・保父）	31.9	6.2	165	5	263.9	254.1	724.8	1 302
介護支援専門員（ケアマネージャー）	44.3	8.9	162	4	293.9	283.7	713.7	2 015
ホームヘルパー	41.1	6.2	165	7	273.8	256.8	394.0	1 437
福祉施設介護員	39.5	6.8	163	6	260.6	243.5	588.3	29 116
弁護士	39.1	5.0	156	0	531.6	530.6	920.5	157
公認会計士、税理士	41.8	10.5	156	18	525.5	466.3	1362.5	351
社会保険労務士	43.8	12.0	174	13	361.8	336.8	805.9	39
不動産鑑定士	46.6	7.5	146	0	490.3	490.3	1662.3	6
幼稚園教諭	39.2	11.5	168	2	324.4	320.8	976.7	320
高等学校教員	44.4	15.3	161	2	458.7	453.9	1923.4	4 685
大学教授	57.7	16.8	155	1	679.0	676.7	3024.6	5 859
大学准教授	47.5	11.4	155	1	553.1	547.8	2290.6	3 401
大学講師	43.0	7.8	154	2	489.8	478.3	1624.6	1 814
各種学校・専修学校教員	44.7	12.0	164	8	364.2	348.7	817.6	1 890
個人教師、塾・予備校講師	38.0	9.0	168	9	307.8	290.1	490.2	1 073
記者	40.3	14.8	152	13	543.4	486.1	1853.5	981
デザイナー	40.1	11.1	168	9	344.8	325.5	848.0	1 647
ワープロ・オペレーター	41.9	11.3	161	14	303.4	273.5	655.5	535
キーパンチャー	47.8	10.3	146	7	257.2	243.5	389.6	36
電子計算機オペレーター	36.6	10.6	158	14	297.4	266.1	620.0	1 105

区分	企業規模計（10人以上）							
	年齢	勤続年数	所定内実労働時間数	超過実労働時間数	きまって支給する現金給与額	所定内給与額	年間賞与その他特別給与額	労働者数
	歳	年	時間	時間	千円	千円	千円	十人
百貨店店員	41.7	13.3	161	10	272.8	253.0	558.7	2 406
販売店員（百貨店店員を除く。）	39.8	10.5	168	15	279.7	252.2	519.9	23 617
スーパー店チェッカー	42.2	8.5	167	8	217.1	201.7	121.1	697
自動車外交販売員	37.9	13.3	168	18	360.0	321.1	957.7	4 323
家庭用品外交販売員	41.1	7.1	170	15	354.8	323.2	576.1	276
保険外交員	41.7	9.0	148	5	423.9	412.9	781.1	2 233
理容・美容師	32.6	6.7	177	8	290.4	275.8	54.9	601
洗たく工	43.8	10.9	168	13	232.8	213.7	276.0	844
調理士	43.2	9.0	173	18	287.9	254.8	382.1	10 267
調理士見習	39.5	7.0	173	20	243.5	213.2	212.8	1 165
給仕従事者	39.2	7.9	173	16	273.1	242.3	321.2	4 504
娯楽接客員	36.9	7.7	167	6	270.6	256.0	347.7	4 403
警備員	52.6	9.3	167	25	250.6	208.9	285.2	16 832
守衛	57.8	11.3	166	10	243.5	218.9	424.1	1 075
電車運転士	39.6	18.0	146	16	391.7	329.5	1511.5	3 153
電車車掌	37.1	15.8	144	14	357.2	306.9	1534.2	1 746
旅客掛	38.9	15.3	159	19	359.0	302.6	1071.8	2 847
自家用乗用自動車運転者	56.9	7.1	159	20	265.7	230.7	403.0	2 086
自家用貨物自動車運転者	47.7	11.2	173	24	305.0	260.1	441.6	7 030
タクシー運転者	60.0	10.6	173	22	284.0	241.6	195.8	12 095
営業用バス運転者	50.8	11.7	162	41	332.6	251.2	688.2	8 434
営業用大型貨物自動車運転者	48.6	11.3	177	38	353.9	287.5	332.4	30 990
営業用普通・小型貨物自動車運転者	46.6	10.7	172	36	317.9	257.9	411.5	25 671
航空機操縦士	39.6	10.4	140	1	1233.4	1206.0	2279.5	539
航空機客室乗務員	33.2	6.8	151	1	309.0	305.7	311.4	10
男								
製鋼工	39.4	14.3	158	25	329.6	265.4	995.0	1 523
非鉄金属精錬工	40.3	13.0	160	16	325.6	282.6	1056.8	926
鋳物工	39.3	11.3	164	25	317.9	259.0	773.3	1 727
型鍛造工	37.1	12.1	165	19	321.9	273.1	978.5	935
鉄鋼熱処理工	39.9	11.6	165	25	320.9	264.7	790.8	1 140
圧延伸張工	38.0	14.8	155	23	348.1	276.8	1071.1	1 694
金属検査工	41.0	10.1	159	19	280.1	243.2	497.4	2 139
一般化学工	38.3	12.4	157	17	327.1	277.1	1077.4	5 900
化繊紡糸工	42.5	16.7	160	8	302.4	273.4	899.6	929
ガラス製品工	41.9	14.8	157	16	311.7	271.6	899.7	1 178

区　分	企業規模計（10人以上）							
	年齢	勤続年数	所定内実労働時間数	超過実労働時間数	きまって支給する現金給与額	所定内給与額	年間賞与その他特別給与額	労働者数
	歳	年	時間	時間	千円	千円	千円	十人
陶磁器工	42.8	14.5	161	15	318.6	277.5	925.0	362
旋盤工	40.4	13.3	170	23	311.9	263.1	826.0	3 908
フライス盤工	41.5	12.1	172	28	307.9	255.7	661.0	1 931
金属プレス工	41.9	13.7	169	22	293.8	253.1	640.8	5 423
鉄工	41.1	12.5	172	23	308.7	268.3	775.6	4 803
板金工	41.9	11.8	172	20	303.7	268.0	634.5	2 657
電気めっき工	41.6	12.9	170	16	298.0	260.8	684.8	914
バフ研磨工	43.7	11.8	171	11	280.7	262.2	588.3	270
仕上工	42.8	11.8	169	23	293.2	249.4	600.0	2 323
溶接工	40.8	11.2	169	24	314.6	266.5	640.6	6 568
機械組立工	39.9	12.3	159	22	319.2	265.5	931.6	12 401
機械検査工	41.9	13.1	161	19	317.6	272.2	963.8	2 085
機械修理工	39.2	13.0	161	22	328.6	277.6	905.6	4 900
重電機器組立工	41.4	13.5	157	19	308.7	268.4	858.7	1 228
通信機器組立工	41.4	13.1	163	15	271.1	239.3	653.0	702
半導体チップ製造工	41.5	15.3	152	21	306.1	253.0	896.1	2 083
プリント配線工	42.2	13.3	164	23	271.1	225.8	384.0	951
軽電機器検査工	45.7	7.6	159	17	254.0	227.3	295.8	323
自動車組立工	38.7	12.5	154	24	352.3	279.8	1023.9	4 929
自動車整備工	37.7	12.0	167	20	303.0	265.3	787.7	11 214
パン・洋生菓子製造工	40.3	12.0	168	25	281.7	232.5	509.4	3 647
精紡工	43.3	12.1	168	9	245.3	226.9	417.4	44
織布工	43.9	11.0	168	6	261.0	246.9	505.1	454
洋裁工	52.8	13.8	175	10	229.3	214.4	82.7	90
ミシン縫製工	47.0	15.2	172	8	246.0	234.4	222.8	234
製材工	44.2	10.5	172	15	256.0	230.5	375.4	1 249
木型工	49.0	13.7	173	15	262.2	236.1	464.8	105
家具工	43.7	13.4	173	16	267.1	240.9	338.1	1 195
建具製造工	42.9	11.7	170	18	264.7	235.6	570.6	557
製紙工	41.1	13.8	156	20	311.6	256.9	747.8	1 746
紙器工	40.8	12.6	171	18	289.1	250.5	681.9	2 387
プロセス製版工	46.3	15.3	175	11	312.8	289.6	529.1	244
オフセット印刷工	41.3	15.7	166	21	325.3	272.6	533.8	1 980
合成樹脂製品成形工	38.2	10.8	167	19	296.9	252.0	706.9	4 856
金属・建築塗装工	42.6	13.3	168	25	315.6	269.2	551.6	1 816
機械製図工	40.6	12.2	160	22	340.3	296.8	904.1	2 134
ボイラー工	50.6	10.3	165	15	273.3	235.7	540.6	489
クレーン運転工	44.3	12.4	167	34	369.0	295.6	692.4	2 224
建設機械運転工	48.2	12.6	167	22	308.7	265.9	521.7	4 889
玉掛け作業員	43.1	11.3	165	29	308.8	257.0	678.6	887

区分	企業規模計（10人以上）							
	年齢	勤続年数	所定内実労働時間数	超過実労働時間数	きまって支給する現金給与額	所定内給与額	年間賞与その他特別給与額	労働者数
	歳	年	時間	時間	千円	千円	千円	十人
発電・変電工	37.4	13.9	151	18	344.3	296.8	1086.8	1 498
電気工	40.9	13.3	169	23	327.8	280.4	814.6	10 148
掘削・発破工	51.3	14.3	179	30	470.3	410.7	528.1	293
型枠大工	45.0	9.2	163	12	311.2	285.9	148.4	940
とび工	41.6	10.1	174	13	308.1	280.5	242.1	2 358
鉄筋工	43.7	13.6	159	14	336.9	309.6	481.3	915
大工	42.9	11.0	178	14	321.4	296.7	305.3	1 426
左官	47.5	15.5	183	8	301.4	280.3	312.5	1 300
配管工	44.0	11.3	180	19	343.2	307.6	569.2	3 084
はつり工	44.1	10.0	163	6	278.2	266.2	330.2	326
土工	48.4	10.8	167	11	300.4	277.9	349.6	9 079
港湾荷役作業員	42.6	14.6	159	43	375.5	275.5	858.7	1 988
ビル清掃員	51.4	7.7	166	10	226.9	209.5	216.8	4 505
用務員	56.2	9.4	162	4	211.9	204.7	376.1	998
女								
自然科学系研究者	37.2	10.1	153	10	379.0	354.8	1466.0	896
化学分析員	37.8	9.9	152	8	277.5	260.7	831.5	1 075
技術士	39.8	8.8	153	11	385.6	360.3	1105.0	135
一級建築士	42.4	8.6	158	18	391.6	345.6	1376.0	340
測量技術者	38.0	8.2	163	12	255.4	232.9	498.8	147
システム・エンジニア	36.2	10.3	152	11	333.0	307.6	977.1	5 315
プログラマー	31.7	5.4	159	9	267.8	249.7	449.8	1 676
医師	38.2	4.4	154	11	790.0	712.2	683.5	1 837
歯科医師	35.1	6.1	153	1	373.7	368.0	244.8	611
獣医師	33.2	4.5	166	9	358.8	330.8	415.2	82
薬剤師	39.5	8.0	159	10	379.9	354.3	797.8	3 545
看護師	39.9	8.3	154	7	333.3	301.8	814.0	56 439
准看護師	50.9	11.5	158	4	280.8	260.7	636.5	12 606
看護補助者	47.9	8.7	155	2	212.9	200.0	431.7	9 222
診療放射線・診療エックス線技師	34.3	7.8	157	10	318.5	286.8	818.2	1 130
臨床検査技師	38.5	9.9	157	11	298.9	270.7	866.5	3 129
理学療法士、作業療法士	33.2	6.3	157	5	275.6	265.9	635.5	7 077
歯科衛生士	34.9	6.8	162	6	269.0	257.0	479.4	2 530
歯科技工士	31.3	5.6	170	20	242.8	211.7	226.5	339
栄養士	35.5	7.7	163	7	245.9	233.2	608.1	6 746
保育士(保母・保父)	37.0	7.9	163	4	243.5	237.1	699.3	24 312
介護支援専門員(ケアマネージャー)	52.0	9.5	160	5	268.0	258.0	595.1	5 235
ホームヘルパー	51.0	7.7	160	7	231.7	218.5	385.6	5 208
福祉施設介護員	44.4	7.3	162	5	235.1	221.7	498.8	50 270
弁護士	41.7	6.2	165	1	459.4	457.6	1752.0	106
公認会計士、税理士	44.4	11.9	151	12	360.1	323.8	771.5	168
社会保険労務士	46.3	15.9	163	8	286.2	271.4	905.9	21
不動産鑑定士	−	−	−	−	−	−	−	−
幼稚園教諭	34.1	8.0	165	2	240.5	236.4	727.0	7 030
高等学校教員	41.9	12.1	160	2	401.3	397.0	1521.7	2 067

区　分	企業規模計（10人以上）							
	年齢	勤続年数	所定内実労働時間数	超過実労働時間数	きまって支給する現金給与額	所定内給与額	年間賞与その他特別給与額	労働者数
	歳	年	時間	時間	千円	千円	千円	十人
大学教授	57.6	14.2	154	1	628.9	627.1	2748.7	1 374
大学准教授	48.5	9.2	154	1	515.0	513.2	1985.5	1 245
大学講師	44.9	7.1	154	1	443.1	436.8	1315.8	1 021
各種学校・専修学校教員	43.8	8.4	162	5	346.4	337.0	733.3	1 894
個人教師、塾・予備校講師	34.5	7.1	165	6	251.1	240.1	370.6	480
記者	35.4	10.4	150	10	440.0	406.8	1418.6	362
デザイナー	34.2	7.1	165	7	273.1	261.2	446.5	1 792
ワープロ・オペレーター	42.4	9.5	163	10	232.8	216.1	444.8	1 179
キーパンチャー	43.3	14.3	152	4	212.4	206.3	361.5	251
電子計算機オペレーター	39.8	10.2	159	9	235.7	220.5	593.1	1 094
百貨店店員	43.4	12.3	157	5	218.1	209.7	335.0	4 766
販売店員（百貨店店員を除く。）	40.6	8.4	162	8	212.4	199.7	284.8	25 390
スーパー店チェッカー	43.3	9.9	162	7	189.7	179.3	182.6	4 190
自動車外交販売員	30.1	6.3	167	14	267.5	243.7	613.0	441
家庭用品外交販売員	39.0	5.9	165	4	248.2	241.8	442.2	42
保険外交員	46.8	10.3	135	0	272.1	271.3	499.4	14 121
理容・美容師	30.5	6.4	174	5	238.6	231.0	51.7	1 288
洗たく工	49.4	11.4	164	10	181.9	169.3	149.5	895
調理士	44.7	8.0	163	7	204.5	193.1	382.3	7 517
調理士見習	50.0	7.1	162	12	185.7	169.7	95.9	1 888
給仕従事者	40.2	6.9	165	12	211.3	193.3	148.5	6 365
娯楽接客員	38.2	7.7	162	6	222.4	212.5	192.5	3 740
警備員	38.1	7.1	166	13	220.0	200.1	253.6	1 167
守衛	54.6	12.8	156	6	192.8	184.4	259.5	48
電車運転士	31.2	9.2	142	10	357.8	322.1	1512.3	200
電車車掌	29.1	7.1	140	10	311.2	279.3	1322.2	263
旅客掛	29.3	5.3	156	12	261.0	232.1	708.8	775
自家用乗用自動車運転者	49.3	10.1	168	5	234.5	222.5	382.5	40
自家用貨物自動車運転者	44.3	8.5	165	12	243.0	220.5	283.8	264
タクシー運転者	54.3	8.6	163	16	239.7	208.1	188.6	663
営業用バス運転者	44.7	6.6	166	41	296.6	230.6	466.3	208
営業用大型貨物自動車運転者	46.1	6.1	172	39	292.5	229.3	214.4	667
営業用普通・小型貨物自動車運転者	43.0	6.5	169	33	271.2	221.1	259.1	1 180
航空機操縦士	32.0	5.4	139	1	897.6	874.3	1356.6	15
航空機客室乗務員	32.0	8.2	146	2	341.4	338.0	880.4	488
女								
製鋼工	38.9	9.3	161	13	256.5	228.6	728.7	51
非鉄金属精錬工	45.8	13.6	156	9	221.4	206.5	540.1	34
鋳物工	40.3	9.7	165	10	226.1	205.1	674.8	65
型鍛造工	27.0	2.9	161	17	228.7	205.1	480.9	9
鉄鋼熱処理工	47.2	9.7	163	9	192.2	177.6	230.5	42
圧延伸張工	32.1	6.6	150	15	238.7	207.5	633.6	65
金属検査工	38.8	9.2	163	11	213.4	195.6	419.0	754
一般化学工	39.3	7.6	158	10	213.3	197.1	531.4	849
化繊紡糸工	44.6	10.6	165	1	195.4	192.6	264.4	106
ガラス製品工	39.4	9.6	156	7	209.5	198.8	505.9	193

区　分	企業規模計（10人以上）							
	年齢	勤続年数	所定内実労働時間数	超過実労働時間数	きまって支給する現金給与額	所定内給与額	年間賞与その他特別給与額	労働者数
	歳	年	時間	時間	千円	千円	千円	十人
陶磁器工	44.6	11.8	159	2	184.1	179.6	232.9	117
旋盤工	43.8	10.3	173	19	246.2	215.2	566.2	242
フライス盤工	43.5	8.2	165	16	209.8	188.2	330.7	84
金属プレス工	43.0	9.7	173	12	210.3	191.5	413.6	839
鉄工	42.5	10.2	166	12	225.8	208.3	492.6	160
板金工	41.2	10.0	170	13	243.4	222.9	448.5	176
電気めっき工	46.8	15.7	169	20	241.1	211.3	499.1	67
バフ研磨工	46.3	15.1	164	16	202.7	179.9	460.4	31
仕上工	43.8	8.0	162	13	207.3	187.9	422.0	437
溶接工	40.8	7.3	165	15	240.3	215.5	382.3	273
機械組立工	42.3	10.1	161	13	216.2	195.6	371.7	3 969
機械検査工	40.4	9.0	159	13	221.0	199.2	368.5	1 443
機械修理工	37.5	8.9	164	11	244.8	225.6	556.8	161
重電機器組立工	42.6	9.1	155	5	205.1	196.9	396.3	364
通信機器組立工	44.8	13.0	164	8	197.5	185.5	325.7	480
半導体チップ製造工	40.0	12.3	153	11	253.6	228.3	599.2	499
プリント配線工	41.3	11.3	163	18	201.5	177.4	278.8	712
軽電機器検査工	41.9	8.4	164	12	194.3	178.0	184.3	296
自動車組立工	35.3	6.9	156	17	253.1	218.7	485.1	591
自動車整備工	31.0	5.7	163	15	243.3	221.0	562.8	180
パン・洋生菓子製造工	40.2	9.2	164	17	213.8	188.2	255.4	3 011
精紡工	50.5	10.0	170	12	198.2	181.3	161.2	132
織布工	45.5	12.7	167	4	193.4	188.1	347.7	353
洋裁工	44.0	10.0	172	13	167.1	152.6	63.8	416
ミシン縫製工	44.7	11.6	172	10	165.8	154.5	117.8	3 429
製材工	46.8	8.8	167	8	192.9	181.3	296.0	71
木型工	33.5	4.3	171	14	194.2	174.4	164.2	19
家具工	40.4	9.3	169	20	209.7	183.0	249.4	203
建具製造工	42.2	8.6	170	12	204.1	186.9	327.9	95
製紙工	39.9	8.0	166	18	217.1	191.4	254.6	309
紙器工	42.9	11.1	168	12	194.2	178.5	450.3	753
プロセス製版工	42.4	15.1	176	13	267.8	247.2	421.6	93
オフセット印刷工	43.0	12.7	167	7	212.4	202.7	180.1	115
合成樹脂製品成形工	39.1	8.1	168	15	201.3	179.2	400.3	1 274
金属・建築塗装工	42.2	11.9	176	15	257.8	232.2	169.8	77
機械製図工	37.7	9.1	160	12	255.6	235.3	595.4	345
ボイラー工	32.0	5.5	180	10	308.3	273.9	878.1	0
クレーン運転工	40.7	9.1	168	22	294.1	243.2	448.1	34
建設機械運転工	35.8	7.4	171	21	253.2	209.8	413.5	106
玉掛け作業員	39.2	7.2	164	41	267.4	209.8	155.7	5

区　分	企業規模計（10人以上）							
	年齢	勤続年数	所定内実労働時間数	超過実労働時間数	きまって支給する現金給与額	所定内給与額	年間賞与その他特別給与額	労働者数
	歳	年	時間	時間	千円	千円	千円	十人
発電・変電工	28.3	5.0	147	7	231.3	217.7	433.7	25
電気工	35.0	5.9	164	16	225.3	203.1	626.0	175
掘削・発破工	52.5	14.5	171	66	375.7	262.9	175.0	0
型枠大工	55.0	3.5	200	0	325.0	325.0	150.0	4
とび工	41.1	12.3	179	7	230.0	218.8	126.1	19
鉄筋工	47.3	11.3	145	0	212.3	211.9	283.0	40
大工	37.5	7.7	174	4	238.2	226.7	320.4	19
左官	20.5	1.7	153	5	174.7	166.6	131.4	51
配管工	34.8	10.6	168	1	208.6	207.4	394.0	40
はつり工	51.5	2.5	168	2	218.8	215.5	97.5	21
十工	45.7	7.3	168	3	223.1	218.4	141.7	201
港湾荷役作業員	53.2	10.8	148	14	208.2	182.0	213.4	29
ビル清掃員	58.0	9.1	161	7	177.6	168.1	132.1	4 300
用務員	55.9	11.5	157	5	187.4	179.3	392.3	543

5　感動、成長、愛情、お金、信頼の報酬に感謝！

5つの報酬

読者の皆さん、報酬とは果たしてお金だけでしょうか。

人が働いて得られる本当の報酬は、図表16の5つがあると思います。

確かにお金はもっとも重要な、報酬ですが、それは、仕事において、お客様から感動していただき、それが信頼につながり、その結果、職場で自分が成長し、会社との絆が深まり、お金という金額になってくるのではないでしょうか。

このように考えると、毎月の賃金は、働いて得られる報酬の一部しかないのではないかと思えなくもありません。

もし、お金以外の報酬の心あたりがあると思える方の会社があるとすれば、中々立派な会社ではないかと思います。

賃金は確かに、大変重要な視点ですが、賃金やお金だけで、人間が幸福になれないことも確かです。

以前、保険会社に勤務していたとき、若い奥さんがご主人を亡くして、5000万円の死亡保険金が支払われたケースがありました。ご主人を亡くされたことは、大変不幸な出来事でしたが、5000万円の死亡保険金は、その後の彼女の人生にどのような影響を与えたでしょうか？　想像

〔図表16　５つの報酬〕

① **感動**（お客様からありがとうと言って感動してもらえること）
② **お金**（豊かに生活をするため、昇給・昇格などの賃金による評価）
③ **成長**（去年よりも今年の自分が成長していると実感すること）
④ **信頼**（この仕事を通して、お客様に、同僚に社長さんに評価されていると思うこと）
⑤ **愛情**（社長さんの会社に勤務することにより得られることができる人間関係・絆）

してみてください。

彼女は、その後、自宅を約４０００万円ほどの家に住み替え、ベンツを購入されました。その後、毎月の支払いがうまくいかなくなり、結局せっかく購入した、自宅も競売に出され、以前よりも生活が悪化してしまったとのことです。

このような、保険金のケースは、よくある話です。大半が大金をもらって、逆に以前よりも悪化しているような気がします。これは、やはり、お金以外の報酬を伴っていないので、お金の活用の仕方を誤ってしまうのです。

お金・感動・愛情・信頼・成長・感謝の心をもつ

人間が働いて、得られる報酬は、お金だけではないということであります。このような視点があなたの中にあれば、仮にあなたの会社の賃金が、他社のあなたの知り合いよりも低かったとしても、感動・愛情・成長・信頼などが一杯感じられる会社であれば、満足できるのではないでしょうか。

私は、社会保険労務士の仕事がら、いろいろな会社の賃金の相談をうけます。お客様の中で、この賃金水準は、相場からみてかなり低いと思われる会社があります。当初は、賃金が低いことを理由に退社を申し出てくるのではないかと思っていました。しかし、その会社を退社される方はほとんどいないのが実態です。

逆に結構内容のいい賃金を支払われていると思える会社で、なぜか退社の希望が続くという現実もあります。

その差はこの5つの報酬が、対応されているかどうかが、ポイントではないでしょうか。先ほどの退社の少ない会社の社長は、それはそれは、従業員さんに気を配ってお仕事をされているようです。

やはりお金、感動・愛情・信頼・成長に感謝の心をもちたいものです。そうすれば、あなたの細胞君にもそのことが伝達され、あなたのすべての細胞君は活性化して、ますます、あなたは天才に近づいていくのではないかと思うのです。

会社の経営的視点で、あの富士通が従業員さんの賃金制度に成果主義を導入して一時話題になり、その後いろいろな会社で、成果主義の賃金制度の導入がもてはやされた時期がありました。しかし、現実にはうまく機能しないということです。やはり、感動・愛情・信頼・成長が伴わないお金重点主義は、どこか無理が出てきてしまうのだと思います。

運用できなかったことは、有名なお話であります。私が何を言いたいかですが、このことからも、人間はお金だけでは動かないということであります。お金で動くのであれば、成果主義の賃金制度を導入した会社は、業績が上がっていくことになるはずであります。しかし、現実にはうまく機能しないということであります。やはり、感動・愛情・信頼・成長が伴わない、お金重点主義はどこか、無理がでてきてしまうのだと思います。

意外かと思われるかもしれませんが、日本的賃金制度と以前から言われている年功序列の賃金制度の会社のほうが、より順調に進展しているような気がします。

この年功序列制度は、先ほどの視点がうまく制度の中に生かされているように思います。確かに、賃金がすべてということであれば、歩合給の会社とか、完全固定給なしの自営の方などは、業績がどんどん上がってもいいはずです。

このような事例からも、報酬とは、お金だけでないことは、明らかです。

そして、このような考え方は、当然60兆個の細胞君も同じであると思います。したがって、会社を経営されて、お金第一主義で、会社を大きくして、お金が貯まり、お金しか見えなくなってくると、60兆個の細胞君も次第にやる気が薄れてきて、その細胞君の固まりである社長自身の成長は止まってしまうことになります。そして、その結果、徐々に会社は衰退していくことになっていくのではないでしょうか。

やはり、会社も感動・愛情・信頼・成長の視点が薄れていくようでは、お客様から愛想をつかされ、やがて見放されてしまうと思います。

このことは、先ほどのマズローの欲求5段階説にも関連してくることです。

人生で自己実現に至るということは、先ほどの感動・愛情・信頼・成長といった面も伴って、はじめて自己実現へ近づいていくのと確信します。

マズローの欲求5段階説イメージつかんでいただけたでしょうか。私が日常的に顧問先をみていますと、業績のいい会社は何故なのかと時々考えることがあります。賃金が低くても従業員が辞めない会社、高くても退職する人が多い会社など様々であります。

従業員の定着率のいい会社は、社長がマズローの欲求5段階説を理解している理解していないを別として、結果的には、従業員の5段階のレベルに沿った対応がされているように思います。

経営者はやはり、従業員が本当に欲している欲求が何であるかを的確に把握して、その欲求に答える対応ができているかどうかではないかと思います。入社したばかりの人に、役職をつけるから頑張ってくれと言われても、本人の欲求の満足へはつながっていかないと思います。

このように考えて、個々の従業員への対応をしっかりしていくことが、従業員の欲求のランクを引き上げ、結果的に1人でも多く承認の欲求や親和の欲求のランクの方が多くなってくれば、やがて、他社との競争力がアップし、従業員の体の中にあるすべての細胞君の活性化にも連動してくるのではないかと思います。何故なら、60兆個の細胞君も本来的に自己実現への成長を望んでいるからであります。

3章

ランチェスター法則による時間戦略

1　ランチェスター法則はこう使え！

ランチェスター法則とは

　この章では、経営の世界でよく活用されているランチェスター法則によるランチェスターの戦略について考えてみたいと思います。

　ランチェスターの法則とは図表17の法則です。

　イギリス人のランチェスター先生が、戦闘における力関係を考察して、法則の内容を技術雑誌に1914年に書いた記事からスタートしてきました。今では、いろいろな場面特に中小企業の会社の経営の世界でこの競争の法則が多く活用されています。

　日本では竹田陽一先生が、ランチェスター戦略を、さらにわかりやすく分析され、本なども多数出版されております。一般的に第1法則は小規模企業の戦略（いわゆる弱者の戦略）、第2法則が大企業がとる戦略（いわゆる強者の戦略）と考えればわかりやすいと思います。最近では個人の人生の生き方にも応用されつつあります。

　第1法則の戦略を活用するか、第2法則の戦略を活用するかは、その競争相手との力関係を考えてその都度選択して実施すれば、最も効果的な結果が期待できます。

　その代表的な事例として歴史的にみれば、かつての戦国時代の若武者織田信長が、桶狭間の合戦

〔図表17　ランチェスター法則〕

（競争の法則、戦闘における力関係）

第1法則　一騎打戦の法則
（攻撃力＝兵力数（量）×武器性能（質））

第2法則　間隔戦の法則
（攻撃力＝兵力数の二乗（量）×武器性能（質）） 二乗がポイント　兵力数10対6は100対36の 攻撃力に、格差は広がり続ける

で勝利したことは、皆さんご存知かと思います。この勝利の戦略がまさにランチェスターの法則の一騎打ち戦そのものではないでしょうか。

相手方の今川義元の約2万の大群に対して、信長は約２０００人の兵隊で、今川義元のちょっとしたすきを狙って奇襲して勝利しています。もし、信長が第２法則の間隔戦の戦略で、真正面から正面衝突して戦ったならば、完敗していたでしょう。まさしく局地戦における、一騎打ち戦の戦い方で勝利したともいえるのです。

そもそも織田信長は、このようなランチェスター法則など知る由もありません。しかし、彼は本能的な勘で自然とこの闘いの戦略を実行したのです。

人生の生き方にも十分応用できる法則

この法則はなにも企業経営だけでなく、われわれの人生の生き方にも十分応用できる法則です。

〔図表18　細胞君は一個の天才〕

竹田先生は、個人の実行力はランチェスター法則の第2法則を応用した、

個人の実行力(時間戦略)＝「質×投入時間の二乗」で決まると言われています。

時間戦略そのものは、自分のなかで競合する制度がないので、第2法則の二乗効果をいかすことが、最大の効果を引き出すことになります。

先ほどの公式の質が高い人は、きわめてまれであります。すでに何かの仕事で1位になった経験があり、高いビジネス技術を身につけている人であれば、労働時間の投入は多くしなくても実績をのこすことができます。

質の高さで何かをなすことができる方は、ランチェスター法則でいう「強者の戦略」をとれる人です。

一方、もともと質の低い人や、何かで1位になったことのない多くの人は、やはり働く時間を多くして何かをなすしかないといえます。これを「弱者の戦略」と呼び、多くの人はこれで勝負することになります。

あのアメリカの有名なマネジメントの父と言われたピーター・ドラッカーは「成果を上げるものは仕事からスタートしない。時間からスタートする」（ドラッカーの名著集1経営者の条件）といっています。

60兆個の細胞君は、能力は個々においてあまり格差はないと思います。したがって、細胞君の実行力の高めるためには、やはり、弱者の戦略である投入時間のアップが一番いい方法ではないでしょうか。

この取り組みは、コロナウイルなどに負けないさらなる細胞君の免疫力アップにも連動してくると考えます。

2　時間戦略はこれだ！

時間戦略とは

竹田先生は、ランチェスター戦略の時間戦略の進め方として、1年間を通算して計算する方法を紹介しております（図表19）。

（1年間の中小企業の社員の労働時間を1850時間とする）

〔図表19　年間通算での仕事時間目標〕

パワー	換算による計算	年間の仕事時間
2.0倍型	√2.0×1850時間	≒2600時間
2.5倍型	√2.5×1850時間	≒2920時間
3.0倍型	√3.0×1850時間	≒3200時間
4.0倍型	√4.0×1850時間	≒3700時間
5.0倍型	√5.0×1850時間	≒4140時間
6.0倍型	√6.0×1850時間	≒4530時間

〔図表20　競争相手に勝つための必勝条件〕

必勝の条件	3倍	3200時間
☆圧勝の条件	4倍	3700時間(おすすめ型)
☆必死型の条件	5倍	4140時間(死んだつもり型)
超人型の条件	6倍	4530時間(ベンチャー型)

〔図表21　1日あたりの労働時間〕

必勝の条件	1日12時間
圧勝の条件	1日14時間
必死型の条件	1日16時間
超人型の条件	1日17時間

仕事時間に目標を定めるには、その根拠となる裏づけが必要です。アメリカの経済学者で有名なバーナード・コープマンはランチェスター法則とゲームの理論を組合わせて競争相手に勝つための必勝の条件を導きだして計算しています。その内容が図表20のとおりになっております。

上記の労働時間を中小企業の平均的な年間労働日数を２６０日として計算すると、１日あたりでは、図表21のような時間になります。

とても私にはできないと思われた方が多いのではないでしょうか。

必勝ですと、会社の労働時間８時間とすれば、あと４時間ということになります。あと４時間と言えば軽いですが、多くの方は、なかなか至難の技かと思います。

戦略的には、休日の有効活用もポイントになってくると思います。できなかったことは休日で取り返すのです。

そこで、竹田先生のモデルでは、２倍パワーの健闘型として年間２６００時間の１日10時間も設定されています。

竹田先生は、就業規則よりも多く働いた時間を「利益時間」と名づけました。「利益時間」の働きはサービス残業ですから１円にもなりませんが、自発的、かつ積極的に働くことの時間は、自分のビジネス人生にとって、必ず意味のあるものになるでしょう。「やり方次第では、大きな利息がついてあとでまとめてもどってくることになります」と述べられています。そのとおりだと思います。

本書では、必死型とか圧勝型の時間戦略まで、なかなかいきませんが、せめて、健闘型・必勝型の時間戦略ができるまで理解してください。具体的な細かい実行戦略は、次章の自由労働時間のところで解説します。ここでは時間戦略のイメージをつかんでください。

昨年から施行された働き方改革の考えから逆行しているとも思われますが、強者の戦略がとりずらい弱者である多くの人はこの考え方が一番人生での成功への近道ではないでしょうか。

3　時間戦略はこう組み立てよ！

時間戦略の効果

私も、ランチェスター法則に巡り会い、時間戦略を実施しようと、今から15年ほど前に、決意して自分なりに努力してきました。残念ながら、必死型・圧勝型までは、できなかったのが実感です。どうしても、家族のこととか、好きなテレビをみてしまって、必死型はできませんでした。

それでも、毎日少ない時間でも時間戦略を実施してきたので、同業者とは一味違った、コンサルティングや、石川県では始めて社会保険労務士でビジネス本も出版できました。また、今回の出版も含めて19冊目となりました。これも時間戦略の効果です。

とにかく継続することは、なかなか難しいことだと思いますが、やり続けて本当によかったと思うのです。

〔図表22　時間戦略のイメージ〕

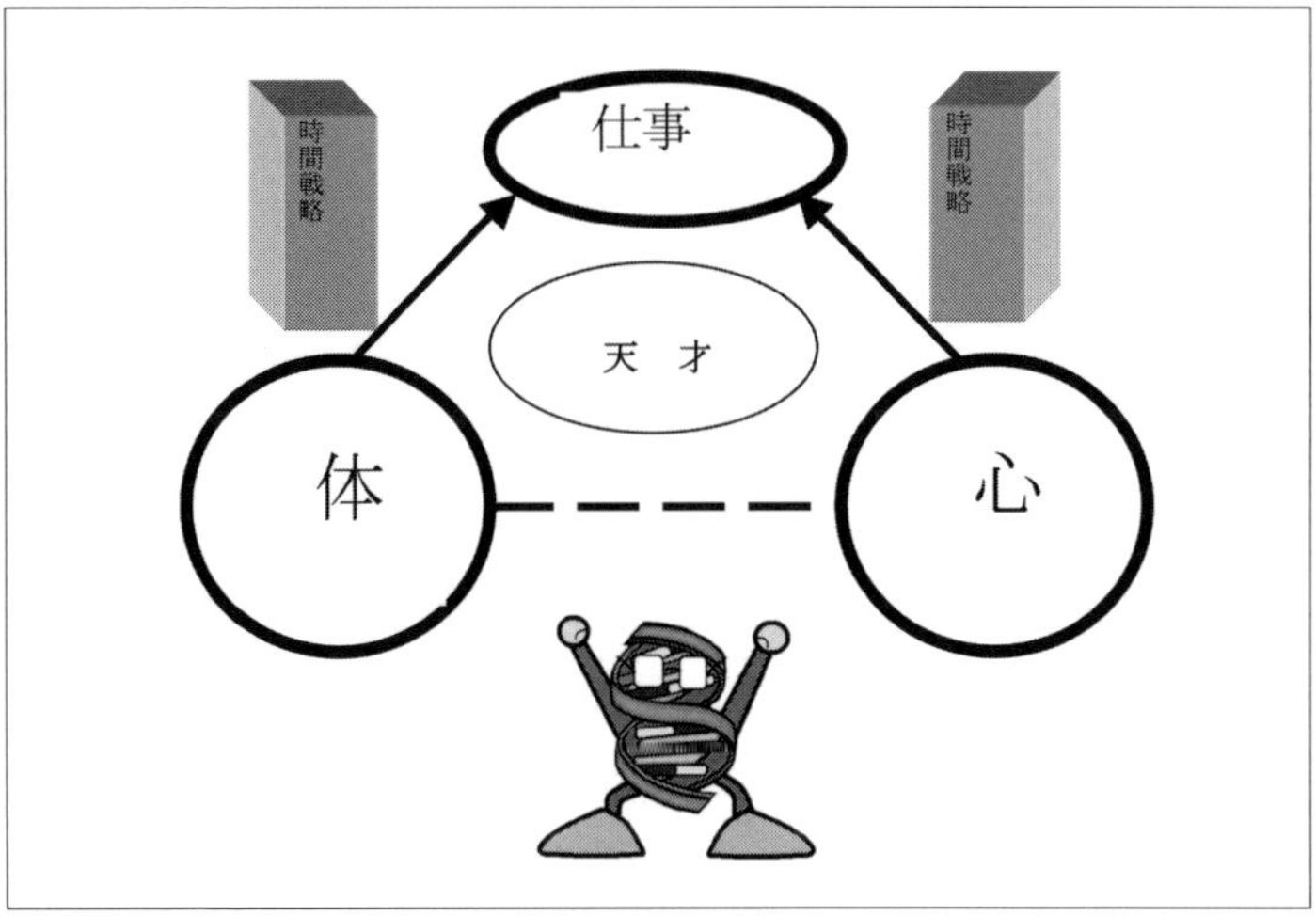

図表22を見てください。時間戦略のイメージはつかんでいただけたと思います。

ただし、いくら時間戦略が素晴らしいと理解しても、健康な体と健康な心が伴わなければ、いい仕事には繋がりません。

健康な体には、適度な食事や運動といった適切な栄養が必要です。これに関しては様々な現代医学で取組みがなされています。

次に健康な心には、これもまた、常に感謝の気持ちをもつことを教える感謝系とか、常に何事もできると教える、目標管理系とか、常に夢・希望を保ち続ける夢系といった自己啓発本や、各種セミナーなど多数あります。

さらに、突き進めば、宗教の世界にまで、及ぶところです。医学的にもいろいろな取り組みがなされて、心の栄養の取り組みが必要であるとされています。

以上の健康な体と心がなければ、ベストな時間戦略もできないし、いい仕事にもつながらないでしょう。

天才なんだと常日頃意識して自覚する

そのように考えるとやはりわれわれ人間を構成する、60兆個の細胞君がベースになりますので、あなたが、自分自身を60兆個の細胞君の集まりで、天才なんだと常日頃意識して自覚していくことが、細胞君の進むべき役割が明確になり、健康な体と健康な心をつくっていく原動力になってくるものです。

そのような、プラス思考のリズムの中で、時間戦略を推進していくことにより、自分でも驚くような結果を招いてくるのではないかと確信する次第です。

あなたも、自分に自信を持ってください。必ず驚く結果に繋がっていきます。

多くの時間戦略の本を読むと、残業をゼロにしなさいとか、毎朝4時には起きなさいとか、成果を上げるために、時間を5分きざみで考えなさいとか様々な方法が語られています。どの方法も素晴らしい考えです。ただ、5分きざみで仕事を管理できる方は、特別に集中力が高い方で、この方はランチェスター的に言えば、すでに強者の方ではないかと思います

朝起きは大変素晴らしい考え方でありますが、なかなかできないことだと思います。残業ゼロといっても、できない会社も出てくると思います。それではどうするのかですが、具体的には、次章

での解説に譲るとして、誰もができるよう、時間戦略で取り組むことが、途中で挫折しない方法であり、何よりも継続することがランチェスター法則の基本になってくるということです。

「継続は力なり」と昔の人は人生の真理を本当にうまく表現していると思います。人類に与えられた大切な資源である時間の有効活用は、やはり、この継続がキーワードであると確信する次第です。逆にいうと、この時間の継続ということが、時間を有効に活用する最大の方法ではないかと思います。

4　時間戦略こそが、誰もが天才になる一番の近道

小さな成功体験

ここまでで、時間戦略のイメージと、役割について記述してきました。いかがでしょうか。世の中には、並みはずれたものすごい情熱、仕事量により、華々しい、脚光をあびて、もてはやされる方もいますが、そのようなことが、決して人生のゴールではありません。

素質は普通ですが、時間戦略を取り入れることにより、学生さんであれば、勉強が楽しくなったとか、社会人であれば、ビジネスが面白くなってきたといった、小さな成功体験を積み重ねていけば、それはやがて大きな自信となり、誰もが成功していく一番の近道です。

あなたが、もし会社の社長さんであれば、従業員さんの小さな成功があれば、褒めてあげてくだ

さい。例えば、お客様にお礼状を書いたらお客様から喜ばれたとか、些細なことでもいいですから、極力褒めてあげてください。

社長さんが、従業員さんを皆の前で、褒められるような仕事はなかなかできないものですから、小さな成功を取り上げてあげるのです。

小さな成功体験は、あなたの細胞君の成功体験にもなってきます。また、褒められるほど人間嬉しいものもありません。あなたが、女性で「あなたはなんて綺麗な方」と言われるのと「あなたはブス」と言われるのでは、感情は天と地の差があります。そうなんです、人間の言葉ほど、人を傷つけ、または、人を喜ばせるものはないのではないかと思います。細胞君も同じです。

今、日本は何気ない、いやみ、悪意の言葉により、イジメ・自殺などのこれらすべての原因は、思いやりのない、一言から起きてきていると考えれば、言葉の素晴らしさと恐怖は理解できるのです。

このように、小さな成功体験の時間戦略はあなたを、さらなる早く天才へと近づけていきます。天才というと、本などでも子どもは天才だとかは書かれており、私たちの心には入りやすいと思います。しかし、大人ということになると、近年で言えば、元ヤンキースのイチローあたりのイメージしか沸いてこないのが現実です。

これは、大人社会になり、経済市場主義でお金が社会の中心軸になってきているからでもあります。先ほどの小さな成功体験も、利益に貢献できなければなかなか脚光を浴びてこなくなってしまっているのです。

そして、子どもの頃の純真な気持ちも薄れていき、大事な宝であるあなたの60兆個の細胞君の存在や素晴らしさを忘れてしまっているからです。

それだからこそ、時間戦略を通して、あなたの60兆個の細胞君を目覚めさせていくことが、天才であるあなたがさらなる天才に目覚めていく一番の近道になってくるのではないかと私は確信する次第であります。

5　ランチェスター戦略は人生にこそ最適な法則

稲盛和夫氏の格言

京セラの創業者で、かつての日本航空再建の立役者である、稲盛和夫氏がこのようなことを言われております。「いまこの1秒の集積が1日となり、その1日の積み重ねが1週間、1か月、1年となって、気がついたら、あれほど高く、手の届かないように見えた山頂にたっていた、というのが私たちの人生のありようなのです」

まさに、ランチェスター法則の時間戦略です。

時間という資源は、よく考えてみると、誰でも平等に与えられているものです。あの人は、お金持ちだから、あの人は、家柄がいいからとか何も関係ありません。

人類が誕生して、これほど人類に等しく公平にあたえられた資源はないと思います。

それが、なかなか理解できないのです。どうしても自分のおかれた現状に縛られてしまい、時間の素晴らしさに気がつかないのです。

時間の大切さを理解している方は、私の知る限り、時間厳守で、約束の時間に遅れることはほとんどありません。時間にルーズな人は、その大切さが理解できない方々です。

先ほど、日本の平均的サラリーマンの生涯時給単価2200円とお話しましたが、30分遅れるということは、相手に1100円損害を与えているのです。

また、皆さんの職場でも本当に多忙な方がおられると思いますが、試しにそのような方に仕事を依頼すると、ほとんど、締め切りまでに仕事を終えてくれます。暇な方に頼めば、ほとんど、納期は遅れています。

なぜだかわかりますか、それは、時間の大切さを知っているからです。

あなたの大切な細胞君を泣かせてはいけない

私は僕は生まれつき、物覚えが悪く頭が悪いから勉強が苦手なんですとか、私には合わないとかで、いろんなことから、諦めている人がいませんか。

前章でお話しましたが、生涯人生のなかで、学習時間はたった3・5%なんです。私が言いたいのは、学生であれば、まだまだ人生の宝である時間が、無限に眠っているということです。

〔図表23　細胞君を泣かせてはいけない〕

60兆個の細胞君を揺り動かせば、多少の勉強の遅れなど、十分にリカバリーできる年代なのです。周りの友達は、みな中学に行っているが、僕は行っていないから、僕にはもういまさら頑張っても無理だなんて思っていませんか。

もし、あなたがそのように思えば、あなたの大切な60兆個の細胞君が可愛そうです。細胞君は知っているのです。あなたが、その気になって頑張って、指示してくれれば、そのようになれることを知っているのです。ですからあきらめることは、細胞君には可愛そうなのです。

学生さんや社会人で、うまくいかないなと思われたら、この時間の素晴らしさを思い出していただきたいのです。

この時間の素晴らしさは、直線ではなく、アインシュタインがいうように曲線であるということです。

楽しいときは、早く過ぎ去り、苦しいときは長く感じます。だからいいのだと思います。時間が直線であれば、人生の感動と歓喜は薄れてしまうのです。

時間の素晴らしさ少しは、感じていただけましたか。現在の日本は、どちらかというと、働き方改革・ワークライフバランスということで、労働時間を短縮して、有給休暇の促進をはかることが、美徳のようにもてはやされています。

このような政策を否定するわけではありませんが、労働時間を少なくして、休暇を増やすだけでは、決して日本の発展には結びつかないのです。

竹田陽一先生が、ランチェスター戦略に基づく時間戦略を、中小企業の社長さんに数十年前に、セミナーをされたときは、ほとんど受け入れられなかったそうです。

確かに、必死型で、年間労働時間4140時間というのは、なかなかできるものではないと思われますので、理解できるお話であります。

しかし、次章で解説する、自由労働時間の考え方でいけば、学生や一般サラリーマンの方でも、時間戦略は応用が利き実行できるのではなでしょうか。

ランチェスターの時間戦略と巡りあい、実行できるということは、人生の最大のチャンスの1つです。あなたがこのことをどうとらえるかです。

色々な、セミナーにも参加され、自己啓発本もよく読まれている方がたまにおられます。セミナーに参加したときは、本当に感動したかもしれませんが、ほとんど実行までいかないのが大半です。

それはなぜできないのか、私なりに考えてみました。

それは、やるまでに、仕組みが多いからです。あれもやり、これもやってやっと実現できるという、取組みが多過ぎるためではないでしょうか。

〔図表24　取組一覧時間数〕

時間戦略を毎日30分継続実施したケース

取組み時間	取組み年数	総時間数	総日数	総月数
30分	6ケ月	91.2時間	3.8日	
30分	1年	182.5時間	7.6日	
30分	3年	547.5時間	22.8日	
30分	5年	912.5時間	38.0日	1.2ケ月
30分	10年	1825時間	76.0日	2.4ケ月
30分	15年	2737.5時間	114.0日	3.6ケ月
30分	20年	3650時間	152日	4.9ケ月
30分	25年	4562.5時間	190.1日	6.1ケ月
30分	30年	5475時間	228.1日	7.3ケ月

日々30分の自由労働時間の取組み

ここで、提案する時間戦略は、名前からくるインパクトは大きいものがありますが、取組み方はいたってシンプルです。要するに、あなたが本書を読まれてからすぐにでも、30分以上自由労働時間に取り組むかどうかです。

その取組み内容もまず、あなたがやりたいことからスタートです。この日々の30分以上があなたの細胞君を無限に活性化させて、人生も大きくやがて変化していくキッカケになってきます。

ここでこの毎日30分以上の時間効果について考えてみたいと思います。

図表24をじっくり見られたならば、改めて日々30分の取組みといえども侮れないことであるかご理解いただけると思います。

30年では、まさに約7か月間睡眠時間なしで、時間戦略を取り組んだ形になります。ただこの時間戦略時間は、新たに創造的なことに取り組んでいるので、実質的時間効果はその倍、すべての細胞君に影響を与えていると思います。

というのは、30年ではなんと実質的時間戦略時間は14か月と1年以上になります。これだけ、取り組んで、人生に効果がでないわけがありません。まさに継続は力なりです。

ちなみに資格取得するときに必要な一般的な勉強時間は、「日商簿記3級＝50時間、宅地建物取引主任士＝350時間、行政書士＝600時間、社会保険労務士＝1000時間、司法書士＝4000時間」などといわれています。

私はサラーリマン時代に22種類の資格を取得してきました。初めて取得した宅地建物取引主任士は、今考えれば、この時間戦略の日々の30分の取組みであったと思います。

当時ランチェスター戦略による時間戦略など知るよしもありませんでしたが、約半年前から、毎日テープなどを聴いて学習したことが懐かしく思い出されます。

当時自覚しておりませんでしたが、勉強が楽しかったことを思い出します。やはり何故楽しかったのかは、今考えると私の60兆個の細胞君も同じ気持ちだったからではないかと思います。やはり何かに挑戦することが細胞君にも重要な取組みになってくるのだと確信する次第であります。

そして、合格したときの喜びはそれはそれは何とも言えない満足感と達成感を感じたものでした。この感激が社会保険労務士・行政書士への資格取得のチャレンジにつながっていきました。

4章

免疫力を高める方法としての自由労働時間の戦略

1　労働時間の種類としての自由労働時間とは

自由労働時間とは

この章では、本書のポイントである自由労働時間について考えてみましょう。

労働基準法によれば、労働者の定義として第9条に「この法律で労働者とは、職業の種類を問わず、事業又は事務所に使用される者で、賃金を支払われる者をいう」と定められています。

したがって、、労働したなら賃金が支払われるということであります。私の提案する自由労働時間は、労働基準法にいうところの、賃金はともなわない労働時間になります。

それでは、つまらない、意味がない、サービス残業をすすめているのかと思われたかもしれません。

一般的にサラリーマンであれば、夕方6時の勤務時間が終了すれば、自宅に帰宅して、食事をして、テレビなどをみて1日を過ごすというのがパターンになってくるのではないでしょうか。

なにも、会社に残って残業をしなさいと言っているのでもありません。私の提案は、勤務時間終了後の、お休み12時までの6時間の生活時間の中に、最低30分以上、自分のお仕事に最低2割ほど関連したことを、自分に労働時間として、仕事をしていただきたいということです。

竹田先生の、おすすめの必勝型で1日12時間、会社が8時間労働であれば、あと4時間頑張ると

〔図表25　自由労働時間での取組項目別〕

○読者（ビジネス本、専門書など）
○資格取得
○CD・DVD学習
○新聞
○映画
○イベント参加（異業種交流会）
○旅行
○スポーツ
○町内活動
○ボランティア活動

いうことでありますが、そこまで、なかなかできない方が多いと思われます。

そこで、とにかく30分以上の自由労働時間に取り組んでいこうという提案であります。

先ほど、最低2割以上自分のお仕事に関連したことということでお話しましたが、図表25のような取組みが考えられます。

これは、労働時間ではなく、趣味の活動ではないかといわれると思います。

ポイントは単なる趣味の活動ではなく、パレートの法則で「経済的成果の8割は2割の仕事」といわれていますが、そのような視点に立って、その活動に最低2割以上自分の業務部分が含まれているということです。

2割以上業務に関連していることがポイント

2割以上業務に関連したことが、入っておれば、仮に、毎日30分の自由労働時間の取組みであっても、あなたのお仕事に対する見方や、見識も深まり、必ずや同僚との差別化に繋がってきます。

社会保険労務士であれば、例えば、毎日簿記の勉強などをして、簿記の資格を取得するなど、直接社会保険労務士の業務に関係がありませんが、簿記に強くなれば、明らかに、同業者からの差別化になりますし、簿記を理解することにより、経営全体からの視点でアドバイスができてくるなど、効果は大きいものがあります。

すべて、現在の従事している仕事となると、頭の切り替えもできませんし、ある程度自分がやりたいことの1つであれば、楽しんで比較的気軽にできるようになり、一番大事な時間戦略を徐々にですが、展開していけるようになってくるのではないでしょうか。

読書

自由労働時間として、比較的取組みやすいのは、なんといっても、読書ではないでしょうか。

ビジネス本1冊1500円前後です。この本を1冊世の中に出すためにどれだけ費用がかかるか考えたことがありますか。莫大な費用がかかっています。

本はどのような本でも、出版社は最初売れると思って販売してくるわけです。ですから、逆にいうとどのような本でも、必ず参考にできるところがあるものです。

1冊完成するのに、どれだけいろいろなことを調べたりするからです。大変なエネルギーを遣って、本になっているわけです。

ですから、いいなと思われる本に出合えたら最低3回は読んでいただきたいのです。1回目では、気がつかないことでも、2回目、3回日で気がついてくることは、結構あるものです。

良書に巡りあうことは、まさにあなたの人生そのものを変えてしまうぐらい、人類の残した、先人の知恵に一歩近づく最良の方法の1つでもあるのです。

確かに、インターネットの普及で情報は誰でも入手できる時代になりました。ただし、不特定多数のネット情報と、本や新聞などの紙媒体には決定的な相違があります。それは情報の付加価値の差であると思います。その情報が世の中に出るまでに、何度も何度も発売元で検討されてきております。それに対してネットはどうでしょうか。

また、かつて慶応義塾の塾長を勤められた小泉信三氏は『読書論』(岩波新書)で「我々は読書によって思考を促され、また導かれる」と語っております。

このように良書に親しむことがどれだけ、人生にプラスになるか、私ははかりしれない効果があると思っております。

世間には1冊の本との巡りあいにより、人生を大きく変えるキッカケになったとのことは、よく聞く話です。

たとえば、皆さんの周りに一杯あるテレビですが、ドラマなどをみると感動します。が、原作の小説を読まれると、その感動ははるかに、小説のほうが大きいのです。

医学的にみても、映像はあまり脳を刺激しませんが、読書は血流を促し、脳は刺激をうけ、活性化します。さらに今日では、読書の際に声を出して読まれるとさらに、脳を刺激していくらしいということがわかってきました。

資格取得

次に一般的に考えられる取組みが資格取得であります。

私は、35歳サラリーマンのとき、宅地建物取引主任者の資格を取得したことがキッカケで、資格マニアになってしまいました。その後約10年の間に22種類の資格を取得しました。

私の場合は、最初の資格取得試験で合格した喜びがあまりにも大きかったものですから、その喜びが病みつきになり、次の資格ということで、行政書士の資格にチャレンジしたことなどが、今は懐かしく思い出されます。

資格取得など、今まで考えたことのない方も一杯おられると思います。取り組むと意外と楽しいものです。それはやはり、人生に目標が１つできるからだと思います。

金融機関にお勤めの方であれば、ＦＰの資格などおすすめです。幅広い学習になりますので、金融の奥深い視点が身についてきます。１つの資格を取得すると、それに関連した重なる部分を勉強する資格があるものです。

私の場合は、宅地建物取引主任者と行政書士は、民法という部分が共通しておりましたので、以前の勉強した部分が生きてくるわけです。

さらに資格取得の魅力としては、この試験は、2時間とか3時間の勝負で、まったく公平で、お金があるとか、家柄がいいとかまったく関係ありません。その人の実力が100%発揮されるのです。なんと素晴らしい制度ではないですか。合格すれば、だれもが、その実力を認めてもらえるという素晴らしい制度です。

このように、仕事に多少でも関連した資格取得を目指しますと、広い視野ができて、仕事も質のよい仕事へとつながっていくのではないでしょうか。

自由労働時間の取組みとしては、素晴らしい取組みの1つです。

また、取り組みの1つとしてDVD・テープ学習もおすすめします。いろいろな方のセミナーのお話とか、勉強した内容のDVDなどがありますが、これは通勤電車の中や、車の中で聞くのも大変おすすめの取り組み方法です。

アメリカでは車が動く大学との認識にたって、勉強されている方も多数おられます。

私は35歳のときは、毎日宅地建物取引主任者の講座のテープを聞いたので、合格できたのではないかと思っています。

経営の勉強

将来会社の社長になりたいなどと思っておられる方であれば、竹田先生などは、経営のCD・D

VDなどで経営のお勉強をされるには最適の教材かと思います。

時間は意外と工夫すれば30分は絶対に確保できると思いますので、是非チャレンジされることをおすすめします。

意外と思うかもしれませんが、新聞の購読もこの自由労働時間にいれるべき課題になります。

とにかく新聞は、様々な情報が氾濫しています。どこかにあなたのお仕事に関連した記事が必ずあります。

最近、新聞をとっていないとか、まったく新聞を読まないという方も多くなってきているようなので、課題としてとりあげました。

とにかく、自由労働時間に何をしていいかわからない人で、日常的に新聞を読まれていなければ、新聞の購読をおすすめします。

また、新聞の時事問題は受験や営業のときの話題などになりますし、資格取得や就職試験のときの一般常識が身についていきます。これだけ、身につくだけでも人生には大きくプラスの要素になってきます。

次の視点としては、趣味の中にも、旅行とか、映画鑑賞とか、スポーツとか、娯楽に近いものもありますが、このような趣味も仕事の関連性の中で、最低2割以上接点があれば、十分自由労働時間の取組みの対象になると思います。

例えば、ファション関係のお仕事をされているのであれば、映画鑑賞は、世界のファションの感覚の勉強ということで、そのような視点にたって映画鑑賞をすれば、これは素晴らしい、自由労働時間の取組みの1つになってきます。また英語の勉強にも最適かと思います。

以上、取組みの代表的なケースをみてきましたが、これらの取組みを、ミックスさせて取り組んでいくのも1つの方法です。

要するに、自分のなかで、毎日30分以上自由労働時間の取組みの継続により、あなたの60兆個の細胞君を活性化させ、より天才に近づいていければいいのではないかと思うのです。

自由労働時間についてイメージをもっていただけましたか。

次章で具体的な自由労働時間の取り組み方は考えてみましょう。

2　自由労働時間は、凡人の才能を開花させると同時に細胞君の新型コロナなどへのさらなる免疫力アップさせる

自由労働時間は免疫力アップにつながる

私の提案する自由労働時間は、まず、30分以上毎日の生活のなかに、労働時間をつくり出すことがスタートになります。

なにも、会社に残って残業しろとか、自宅に帰ってからも仕事をもちこんで、サービス残業をしようといったものではありません。

あくまでも、あなたが、今やってみたいことの中で、最低2割以上、仕事に関係することに毎日チャレンジしようということです。

すでに転職をお考えの方は新しい仕事に関連したことに挑戦されたらいいのです。

あなたが、仮に20歳の青年で、とりあえず30分毎日やってみようということで、1年間挑戦すると年間で約183時間約7日間分学習したことになります。

これってすごいと思いませんか。1週間眠らないで勉強したのと同じ時間勉強したことになります。

私は、時間は直線でなく、曲線であるとお話しましたが、私はこの毎日の30分は実時間として1日の24時間のうち最低1時間以上の実感のある時間です。この30分はなぜ、実時間が長いと感じるかわかりますか。

人間は毎日同じことを繰り返しておれば、脳の活性化もあまり起こりませんが、毎日なにか新しいことを勉強なり、研究なりするということは、あなたの脳に新鮮な信号を発信して、やがてあなたのすべての細胞君に伝達されていくわけです。誰でも、今まで知らなかったことが、わかると楽しいし、さらに好奇心がわいてくるものです。

30分と単純に考えれば、あなたの自由労働時間への第一歩は、小さいようにみえますが、そうではないのです。

あなたが、20歳であればあと約60年の人生に大変な影響と刺激を投げかけてくれるのです。人生求めるものがあれば、必ずいつか、チャンスとひらめきが誰にでもあります。しかし、日頃から意識していないとそれに気がつかず、あなたの体を通過して行ってしまうのです。

30分といっても決してバカにはできないということです。これなら毎日多忙なサラリーマンの方や、学生さんでもできると思います。

そしてこのような取り組みは、あなたをやがて、職場でも、学校でも何かその他の人と比べても、魅力的な人材に成長させてくれることでしょう。

あなたが、10年間この30分の自由労働時間の取組みを続けたなら、なんと76日間連続で勉強を続けたことになります。大学受験でも、2か月連続で勉強したことはないと思います。これほどの時間量になるわけです

実時間は10年で、このケースの時は5か月150日分に相当する時間量です。毎日の継続は、時は金なりといいますが、このランチェスアター戦略による、時間戦略も金なりと思います。

これが、20年、30年、40年継続したらどうなるか、皆さんおわかりですね。あなた、押しも押されぬ、職場でも地域社会でも輝く人材になっています。

どのような、境遇の方であっても、この毎日30分以上の壁を破れば、誰もが天才なんですから、大天才になれるのです。

そして、この自由労働時間の取組みは、毎日継続するわけでありますから、健康対策になってくると思います。

運動も毎日継続

運動も毎日継続してやることが重要であり、いきなり過激な運動をしたのでは、逆に体に悪い結果をもたらしてしまいます。学生さんもそうです。毎日勉強を継続しているから、身についてくるわけです。自由労働時間も同じ考えで、毎日、時間数にしては短いかもしれませんが、継続していくから、力がついてくるのだと思います。

したがって、毎日継続していけば、誰もがその人の持っている、パワーと力を発揮してこないわけはないと思います。また、日々の継続は細胞君が新型コロナウイルスに自由労働時間を邪魔されないように、自動的に日々免疫力を高めていくのではないかと確信しております。

やがてそのエネルギーと力は、人生を大きく自己実現に向けて変えていくことになります。そして、自分は凡人と思っているあなたも、やがて自分の天才としての能力に気がついてくることになります。

3　成功したければ人の3倍働け!

人の3倍働け、3倍勉強しろぐらいの気概

皆さんの中には、人生に対していろいろな考えの人がいます。たとえば、私が若いときは、大きな会社の社長または役員にまでなりたいとか思ったものです。

今の若い人は私の世代と違い、社長になりたいとか、特に思わないようです。幸福な一般的な家庭と安定した生活ができればそれでよしとする考え方も多いように思います。

学生であれば、以前のように会社を創業するのだといった若者はまれで、今は公務員とか、一流企業に入社してとにかく安定というものを求めている若者が多いように思います。つまり、成功したいなど願望の強い若者が非常に少ないような気がします。

日本の若者は、いわゆる草食系の方が多くなり、肉食系の方が少ないというのも、時代の世相の反映かもしれません。

おそらく、日本人全体が、衣食住において世界でも大変恵まれているということも原因の1つではないかと思っております。その現象として、アジアの貧乏な国では、一攫千金を狙って、野心にみちた若者が多くみられます。

やはり、貧乏だからそこから脱却したいという、強烈な意志がその原因土壌になっています。また、貧しい国ほど自殺率が低く、それに対して日本は年間3万人という自殺大国であるというのも皮肉な話です。

安定した生活を、人生の目的として、生きていくのも1つの人生かと思いますが、本書を手にとられた、学生さんや、サラリーマンの方であれば、折角人生のランチェスター法則による時間戦略を知ったのですから、本当の人生の醍醐味、ドラマを生きるためにも、あなたの与えられた仕事や、学業で、ぜひとも大成功していただきたいのです。

山を歩くと、数百年の年輪を刻んだ立派な樹木がありますが、これらの木は厳しい風雪に耐えぬいてきているものだと、森林関係者の方はいわれます。

家の木として、長く使えるのも、苦労に苦労を重ねてきた木が素晴らしいと異口同音にお話されます。

我々人間も、私は同じだと思います。皆さんは、大金持ちの家に生まれ、小さいときから、うまいものを食べて育つのと、貧乏な家庭に生まれ、毎日の食べるのにも、苦労を重ねて生きてきたのとでは、どちらが幸福だと思われますか。

私は、生まれるのであれば、後者の貧乏な家庭に生まれることを選択します。何故かわかりますか。それは、人生は樹木と同じように、苦労しないと人生の本当の喜び、生きていることの有難さがわからないからです。

私は、30歳のとき、胃がんで死を宣告されましたが、そのようなどん底の経験があるので、健康で生きていることの素晴らしさが、痛いほどわかります。わかるから、食生活と日々の健康管理には細心の注意をしています。

成功したければ、3倍働けとは、別の言い方をすれば3倍苦労するということです。そうすれば、3倍人生を楽しんで生きていくことができます。

大会社の社長の息子に生まれて、2代目になったとしましょう。それは、確かに、傍から見れば地位も名誉もお金もあり、大変うらやましく見えます。

しかし、本当はどうでしょうか。2代目で、経営の苦労をあまりしていないので、本当の会社経営の面白さを知らずに、人生を終えてしまうことは、傍目にはうらやましく思える人生かと思いますが、逆に不幸なことであります。

私は、人生の本当の生きがいをつかむのには、前章のマズローの欲求5段階説にありますように、生理的欲求からスタートして自己実現の欲求へと向かうようにしていかなければ、ただ安定した生活を望む人生観では、マズローの欲求5段階説の自己実現までは到達しがたく、あなたの60兆個の細胞君も、燃焼しない人生で終わってしまうということです。

皆さんには、「人の3倍働け、3倍勉強しろ」と声を大にして叫びたい気持ちで一杯です。

私は、今年65歳ですが、今は、若い頃にもっともっと勉強と仕事に3倍ぐらい頑張っておけばよかったと後悔しています。

皆さんは、私より若い方が多いと思いますので、3倍勉強・3倍仕事ぐらいの気概で生きていっていただきたいです。

もし、新入社員で、朝は誰よりも早く、出勤して、夜はサービス残業を惜しまないで、誰よりも遅くまで、仕事を熱心にする従業員が入社してきて、3年もしたらどうでしょうか。おそらくその子は社長から、絶大な信頼と同時に、待遇もされてきていると思います。

一流企業か、役所でもないかぎり、たとえその方が中学しか卒業していなくても、それほど影響はありません。3倍の効果は人生を劇的に変化させていく効果が絶対にあります。

〔図表26　労働コース〕

人の2倍型は	$\sqrt{2}$	1．4倍
人の3倍型は	$\sqrt{3}$	1．7倍
人の4倍型は	$\sqrt{4}$	2倍

そうはいっても、ここで、3倍働くとは、1日8時間労働が基準になりますので、3倍の24時間働けと言っているのではありません。

では、どうするかですが、竹田先生は、ランチェスター法則から、図表26のような、見方を示唆してくれております。

そうすると、人の3倍型は1・7倍で1日14時間労働のコースになります。

いわゆるランチェスター戦略の時間戦略の圧勝型のコースになります。

この圧勝型の3倍の時間戦略で取り組むならば、あなたは、必ず、人生のドラマを最高に演出できることができるようになると思います。

この圧勝型1日14時間すなわち8時間の勤務時間終了後6時間ということになります。夕方6時から12時までで6時間ですから休む時間もないので、その未達分は休日に対応することになります。

できないことはないと思います。いかがでしょうか。

4　働き方改革の時代の中で残業というものをどうとらえるか

未払残業代の訴訟

近年、残業代未払いの訴訟が全国的に多くなってきました。その多くの判決や審判で、100万円から200万円の範囲のなかで、解決されている事件を多いようです。そこで、このことについて、時間戦略との絡みのなかで考えてみましょう。

残業代に関しては、労働基準法第37条には時間外、休日及び深夜の割増賃金で「使用者が、第33条又は前条第一項の規程により労働時間を延長し、又は休日に労働させた場合においては、その時間又はその日の労働については、通常の時間又は労働日の賃金の計算額の2割5分以上5割以下の範囲内でそれぞれ政令で定める率以上の率で計算した割増賃金を支払わなければならない」と定められております。

要するに1日8時間・1週40時間を超えて、労働者に残業を命じたときは、時給単価にして1・25倍の割増賃金を支払いなさい、というものです。

ある程度事務のしっかりした会社であれば、時間管理がしっかりしていますので、毎月正しく残業代は計算され支払われておりますが、多くの中小企業ではこの部分の管理がやや手薄に処理されている会社が多いように思もわれます。この賃金は、2年間の時効の適用があり、従業員が退社したあとも、2年間にわたり、会社にその未払いの残業代を請求する権利がのこされております。

今年の4月からは2年ではなく3年時効になりました。

ですから、会社が残業代をしっかり計算して支給しておかないと、退社したあとも3年間いつ請求してくるかわからないというリスクを背負って経営を続けていかなければならなくなってきます。

私がサラリーマンになった頃は、サービス残業などあたり前で、毎日10時、11時頃まで仕事をしたものです。また、身近で、残業代請求の訴訟など聞いたこともありません。今は、私の社会保険労務士という職業柄このような相談も多くなってきています。

その中には、労働基準法を盾に、弁護士と共闘して、世話になった社長に未払残業代を請求してくるといった若者も確かに多くなってきています。

本来の残業であれば、その支払いは仕方がないと思いますが、中には、毎日、電車通勤で、出社時間より40分早く来ていることを理由に、その40分に対して残業代を支払えといった勝手な屁理屈による請求なども起きてきています。

会社からの指示を全力で取り組む

会社経営において、一般的には、新入社員が一人前になるのに3年程かかります。逆に言うと、3年過ぎないと、会社は、その人件費は赤字であります。その3年以内に、仕事も一人前になるまでのレベルも、身についていないのに、今日は2時間残業したから、残業代いくらとか思って仕事をしているようでは、なかなか仕事も覚えられないし、いい仕事はできません。

あなたは、経験を人一倍させていただいているのだというくらいの気持ちで、人より多く仕事をすることをおすすめします。

そして、会社から言われたことは全力で取り組んでいくなら、やがてそれは、その残業代分など比較にならない利益をあなたに与えてくれるのではないでしょうか。

そして、残業代にはなりませんが、自由労働時間を仮に、30分実施するだけでも、その効果はあなたの人生に、様々な影響を与えることになってくると思います。

この自由労働時間は、確かに何時間取り組んでも残業代にはつながりません。これをどのように考えますか。月給30万円の方が1月平均20時間残業したとすると、残業代は月間で約4万３０００円・年間で約52万円になります。ということは、毎日30分間の自由労働時間は残業代という視点でみれば、１月約2万１０００円年間約25万円という金額になります。

この金額についてあなたならどのように感じられましたか。

先ほどの生涯年収からみれば、それほど大きく影響を与えない金額です。このことからも、日々の残業代いくらになるといったことをあまり気にせず、会社で信頼されて、大きな仕事を任されて、昇進昇格していくほうが、自己実現に最も近づいていく生き方であり、同時に残業代以上の年収になっていくのではないかと思います。

仕事を時間内にあげて、その分自由労働時間を多く取得することが、どれだけ今後の人生にプラスに進展していくか図りしれないのです。

5　本田宗一郎・稲盛和夫氏の労働時間とは

本田宗一郎氏は年間5000時間

われわれ日本人には、経営の神様といわれる代表的な方の労働時間について考えてみましょう。

ちなみに、本田技研の本田宗一郎氏は、なんと5000時間以上を、35年間続けていたとのことです。竹田先生の時間戦略では最高の超人型をなんと35年間やられてきたのです。京セラの創業者の稲盛和夫氏も超人型を35年やられたとのことです。なんと、アメリカのあのビル・ゲイツに至っては、60000時間を20年以上やり続けているとのことです。

これらの著名人たちの仕事時間には、脱帽というか、よくもそこまで働くことができるのかと、不思議に思います。

それはそれは並外れた、強烈な願望と決意と素質があった方なのではないでしょうか。

私はなにも、このような超人型を進めているわけではおりません。私にもどう考えても、超人型のような仕事時間をできませんし、基本的には、体が持たないでしょう。

理解していただきたいのは、あれだけの人でもあれだけ頑張っているからできているのだという事実です。

あなたの周りにも、超仕事人間がおられると思います。

そのような方が身近にいたら、お話を聞いてください。なぜ、それほど仕事をするのか、キットあなたの人生に大変参考になるアドバイスが必ずあるはずです。

身の回りに、すごいという人がいたら、とにかく話されるといいです。いろいろな人にあっていると、それほど、特別の人でもないことが多くの場合わかってきます。

そうです、誰もが、天才と自分を認識すれば、あなたにも本田宗一郎まではいかなくても、できるとわかってくるからです。

あなたには、なんと60兆個の細胞君がついているのです。

仮に、本田宗一郎氏のように年間５０００時間ということは、年間２６０日労働日と考えると１日19時間・年間３６５日労働でＩ日約14時間という労働時間になります。これをどのように考えますか。

一般的にみれば、まさに超人といった感じです。なかなかマネのできることではありません。おそらく本田氏の場合は生活のすべての時間が仕事時間なのでしょう。確かに、本田氏はランチェスター的に考えれば、強者中の強者の方であると思います。ただし、逆に考えれば、我々も死んだつもりで働けば、可能性はあるということです。本田氏も我々も60兆個の細胞君の数には変わりないからです。

要するに、自己実現の目標をどの水準に合わせるかであり、誰でも本田氏のような可能性は持っているということは確かであると思います。

6 決して無理をせず、健康管理は日々注意！

人間の最適な睡眠時間は7時間から8時間

中小企業の社長で、こんな話がよくあります。社長は自分の会社の業績アップのため、年間で正月以外休みなしで働き続けました。業績もあがり、会社もどんどん大きくなりました。しかし、仕事が多忙で、家庭を顧みなかったため、夫婦仲が悪くなって離婚にいたり、家族バラバラになったという話です。

離婚はそれなりにどちらにも原因はあると思いますが、悲しいお話です。社長は家族の幸福のためにと、死ぬほど苦労して頑張ったのに、結果的には逆になってしまったということです。

ここで、私が言いたいのは、時間戦略は非常に重要な取り組みではありますが、家族との触れあいとご自分の健康管理には十分注意して、深酒はやめて、睡眠は最低7時間以上はとっていただきたいということです。先ほども触れましたが、私は、胃がんなどを経験して、健康の大切さは人一倍わかっているので、なおさら思うのです。

医学的な調査では、人間の最適な睡眠時間は7時間から8時間だそうです。これがまた、10時間とか睡眠が多いのがいいかと言われるとどれも逆に体には悪いとのことのようです。

あなたの睡眠時間は何時間ですか。この7時間を基本にしていただきたいと切に希望するものです。

健康な体と健康な心

また、当たり前のお話ですが、健康を害して、病院に入院してしまい、がんにでもなってしまえば、いくら仕事が成功して、お金持ちになっても寂しいものです。

私も胃がんのとき、しみじみと思ったものです。私の胃はどんなにお金を出しても買えないし、もっともっと自分の体をいたわって仕事をするべきだったと何度悔しかったかわかりません。

この気持ちは大病しないと理解できないかもしれませんが、健康な体と健康な心を保つことを常に頭において忘れてはいけないのです。これは、あなたの大切な家族と細胞君に対する義務です。

健康は、大病の経験でもないとピンとこないのが普通です。ましては、若い方であればなおさらかと思います。私も健康ということを真剣に考えたのは、30歳の胃がんのときでした。それまでは、健康は当たり前であり、何も思わなかったというのが実感です。ただ、私のこれまでの多くの人と接してきた中で、1つ健康に関連して思いつくことは、スマイル・笑顔ではないかと思います。

この、スマイル・笑顔の素敵な方というのは、健康な方が多いように思います。読者の周りの笑顔の素敵なかたを思い出してください。おそらく、健康な方です。笑顔は細胞君を活性化させる、力があるのだと思います。何故か、皆さんもつくり笑いをしてみてください。やがて多少とも元気な自分に遭遇すると思います。

またこのことは、60兆個の細胞君の免疫力アップにも連動してくると思います。

7　急増する労働環境を変えるテレワーク、そして増え続けるフリーランス、ある意味自由労働時間では

現在感染防止のためのテレワーク導入

新型コロナショックで現在感染防止のためテレワークを導入する企業が増加しています。そもそもテレワークとは在宅勤務ということで、会社と雇用関係にある従業員が会社に出社せず、自宅で情報通信機器を活用して働く勤務形態をいいます。

最近では、自宅に近い小規模なオフィスで勤務する「サテライトオフィス勤務」やパソコン・タブレット等を活用し、柔軟な勤務場所で働く「モバイルワーク」などもあるようです。

会社側のメリットとしては、ウイルスの感染防止や介護等の理由による離職の防止や、オフィス賃料や電気代などの削減、災害などにおける事業の継続性などがあげられると思います。一方デメリットとしては勤務時間の管理や健康管理などがしにくい、また目視できないので人事評価がしにくいなどの傾向があるのではないかと思います。

このような傾向をみていくとどうでしょうか。個人の時間管理により、残業削減・通勤時間の短縮などある意味自由労働時間を取りやすい最適な環境により近づいていくのではないかと考えます。

増え続けるフリーランス

ところで、近年フリーランスという言葉がよくつかわれるようになってきました。現在は新型コロナショックで、フリーランスの仕事が減少したことに対する国の補償を巡っての話題が注目されています。私は、この章で解説している自由労働時間も拡大解釈すれば、フリーランスもある意味含まれるのではないかと思います。

アメリカのフリーランスの強みは「時間の融通がきく」「収入を増やしやすい」などが言われており、ＩＴ関係のエンジニアに限らず、ライターや報道などの分野にも広がりを見せているようです。フリーランスの大半は「兼業」「副業」をしているケースがほとんどのようです。このように基本的に自分がやりたい仕事をしているケースが大半ではないかと思います。ある意味自由労働時間の拡大版とも言えなくはないと考えます。

アメリカでは意外かと思われますが、就業人口のなんと3人に1人が個人事業主なのです。

また、２０２０年にはアメリカの労働者の過半数がこのフリーランスになるのではないかと言われております。日本ではテレビドラマドクターXで主人公がドクターのフリーランスとして登場して大変話題になったのでこのフリーランスという言葉は聞いたことがあると思います。

しかし、現在は補償のないフリーランスはこのコロナショックで大変な状況ですが、60兆個の細胞君を信じて頑張っていただきたいと願うばかりです。

やがて、日本もアメリカのように3人に1人はフリーランスになっていくかもしれません。

そうなると、フリーランスが日本の社会を支える重要な立場になってきます。

このような時代の到来のためにも、私の提案する自由労働時間の取組みは人生において益々価値ある取組みになってくるのではないでしょうか。

私は新型コロナショックで、人と人との触れ合いを削減するため、益々先ほど記載したテレワークによる業務は拡大していくのではないかと予想しております。会社にだんだん出勤しなくなってくれば、やがて独立フリーランスへの流れが加速していくのではないでしょうか。

会社側も社員よりは業務委託のほうが人件費の圧縮につながり、新型コロナショックによる経営不振でその流れは加速されていくと思われます。

このような急激な社会構造の変化の中で生き抜いていくためには、今後益々私が提唱する自由労働時間により、日頃から自己啓発につとめ、会社が仮に倒産しても生き抜いていける能力を身に着けていかなければならない時代に益々なってきたのではないでしょうか。

人と人とがあまり触れ合わないビジネスを考えなければいけないなど、昨年まではだれも想像しえなかったのではないでしょうか。

5章

具体的な
免疫力アップに
つながる新しい
年代別自由労働時間の
とらえ方

1　10代の学生の自由労働時間の意味

10代の学生の自由労働時間

この章では具体的に年代別の時間戦略について具体的に考えてみましょう。

その前に自由労働時間の取り組み方の基本原則の考え方を説明します。

本田宗一郎さんのように、超人型とか、圧勝型まで、ほとんどの人がなかなかできないと思いますので、誰でもとにかくできる可能性のある、自由労働時間30分以上の取組みからスタートしてできるための仕組みを考えたいと思います。

この時間戦略はとにかく、継続することがポイントです。

そこで、毎日の取組み時間数に応じて図表27のグループに分けて考えていきます。

竹田先生のモデルからみれば、1日4時間は必勝のモデルで、圧勝型とか、必死型からみれば、時間数は少ないですが、私は、この時間数だけでも、時間戦略が身につけば、人生において躍進のキッカケに必ずなります。小さな一歩ですが、歩みだしてみませんか。

既に、私は1日4時間の必勝型で仕事をしているとか思われている方は、素晴らしいことですし、既に、強者の方かもしれません。継続されることをおすすめします。

時間戦略の最初に学生さん、中でも魔の中学2年生を基本に考えていきたいと思います。

〔図表27　取組時間数に応じたコース〕

○　銅メダルコース　1日30分以上の自由労働時間
○　銀メダルコース　1日1時間以上の自由労働時間
○　金メダルコース　1日2時間以上の自由労働時間
○　ノーベルコース　1日4時間以上の自由労働時間
（できなかった時間数は日曜日にまとめて実施する）

〔図表28　ゲームをする理由〕

○世界中の人と対戦できる
○知らない人と友達になれる
○友達と対戦したり協力したりできる
○達成感（クリアできた喜び）
○友達がしているから

学生さんには、様々なタイプがありますが、次のように分けることができます。

①　大学受験を目指している

②　高校を卒業したら、社会人として頑張る

③　学校に毎日いけない、不登校ぎみの方

読者の中には、学校にいけなくて、日々の大半をゲームですごしている子も多くいると思います。確かにゲームは、楽しくて、夢中になるのはよく理解できます。

以前、うちの子供たちにゲームをする理由は何か、その面白さは何かと聞いたら図表28のようなことを話しておりました。

このコメントに共通しているキーワードは、「友達」であると思いました。

私はゲームをやめなさい、とは思っておりません。言いたいのは、ゲーム以外の楽しさを知ってほしいということです。確かにゲームとかテレビとか映画などの映像は、大変わかりやすく楽しいものです。映画でもハリウッド映画など、感動を覚えるものです。

学生さんに、ここで一歩理解していただきたいのは、映像は、人生で大切な深い理解力を伴わない傾向があるように思います。

例えば、ある小説が映画になったとして、雪のシーンがあって、映像で表現された雪のシーンと言語で表現された内容では、脳の受け止め方がかなり相違してくるということです。

このような、読書から得られた感動は同じ内容の小説であっても、映画と小説では、そのことに

〔図表29　大学入学までの自由労働時間〕

中学2年から大学入学までの自由労働時間

中学2年（14歳）で大学入学まで銅メダルコースを実践したケース
14歳・15歳・16歳・17歳・18歳
5年間の総自由労働時間912時間
総日数38日分

よる感動はかなり違うということです。その読書の感動の素晴らしさを是非とも体験していただきたいことを望むものです。

人間に生まれて、人類の最高の財産ともいえる読書、なかでも良書と巡り会わないで、人生を終えるほど、もったいないことはないです。

そのことは先ほどのゲームのコメントにあった楽しさ以上の真の友達にもつながり、本当の心からの生きがいを見出すキッカケになってくるのです。

どうか、現在不登校のあなたでも、心配はいりません、人類の英知に触れていけば、必ず変わっていけると思います。

そのためにも、まず、最少の一歩銅メダルの30分コースにチャレンジしてみませんか。仮に、銅メダルにチャレンジしたとして、とりあえず大学入学までの自由労働時間は、図表29の内容になり

〔図表30　賃金の現状〕

18歳高校卒で入社　初任給約17万

22歳大学卒で入社　初任給約21万

ます。

学生さんいかがですか。なんと毎日の30分は大学に入学するまでになんと38日分に相当するわけであります。

いかに日々の小さな実践が大きいか実感できましたか。

どうかこの30分の偉大な第一歩を歩みだしていただきたいのです。

日本の新卒者の賃金の実態

次に余談ですが、本業が社会保険労務士ということもありますので、賃金相場からみた、大学へ行くか行かないかの違いをまとめてみましょう。

14歳で、将来大学に行くべきかどうか、迷うときもあると思います。そんなときは図表30をしっかりみていただきたいのです。

仮に30歳で結婚するとして、現在の日本の新型コロナショック不況が続くと約10年昇給がないこともあります。

どうでしょう、大卒の方と比較すれば、18歳から30歳までの働きについて576万円も所得格差がついてしまいます。

この現実を高卒で卒業すると、社会で味わうことになります。大学に行けばよかったとは、誰でも大人になって初めて気がつくのです。この現実をしっかりご理解ください。

ご参考のために、賃金センサスによる、新卒における、大卒と高卒の初任給のデータを図表31に掲載しましたので、じっくりみてください。大卒と高卒では4万円から7万円ほどの賃金格差があります。しかも、この格差はよほど頑張らないかぎり、定年まで継続していく可能性もあります。この日本の社会の現実をしっかりこの際眺めていただきたいのです。

大卒は、そのほとんどが、初任給21万円以上です。高卒の初任給は、そのほとんどが17万円ほどです。4年間の年齢差があるし、4年後には大卒の初任給に近づくからといわれればいたしかたありませんが、現在の日本の中小企業では、毎年1万円前後昇給することはまれです。せいぜい毎年5000円前後の昇給がこの不況下での実態ではないかと思います。

ましてや今後は、新型コロナショックによりさらに悪化していくかもしれません。

したがって、なかなか実感できないものですが、多くのお父さんお母さんがこのことに、くやしさを抱えているケースはよく耳にすることです、だから、あなたに言うのです。勉強して大学へいきなさいと…。

サラリーマンを経験すると、何故同じ仕事をしているのに賃金が違うのか悩むものです。

〔図表31　新卒者の初任給〕

第２表　　産業別新規学卒者の初任給の推移　＜平成２７年～＞

初任給額（千円）	学歴、産業		男女計 27年	28年	29年	30年	令和元年
初任給額（千円）	大学院修士課程修了	T. 産業計	228.5	231.4	233.4	238.7	238.9
		C. 鉱業，採石業，砂利採取業	248.6	250.3	250.8	256.8	270.9
		D. 建設業	228.8	235.1	237.1	233.4	245.3
		E. 製造業	228.5	229.5	230.9	233.9	235.8
		F. 電気・ガス・熱供給・水道業	222.5	223.9	225.7	229.2	229.7
		G. 情報通信業	228.8	238.4	237.4	235.3	244.0
		H. 運輸業，郵便業	228.2	210.2	217.2	231.8	230.9
		I. 卸売業，小売業	229.3	235.6	240.1	233.5	235.7
		J. 金融業，保険業	231.3	233.5	229.5	241.5	246.7
		K. 不動産業，物品賃貸業	230.0	226.6	233.1	238.6	249.0
		L. 学術研究，専門・技術サービス業	228.5	229.2	236.1	266.5	245.5
		M. 宿泊業，飲食サービス業	199.9	196.1	193.7	216.2	169.6
		N. 生活関連サービス業，娯楽業	212.8	212.6	209.1	207.3	225.5
		O. 教育，学習支援業	230.0	235.4	247.0	232.4	242.3
		P. 医療，福祉	218.6	212.8	204.3	201.3	209.1
		Q. 複合サービス事業	180.1	192.3	205.1	184.1	227.8
		R. サービス業（その他）	237.7	220.0	220.6	223.0	229.3
	大学卒	T. 産業計	202.0	203.4	206.1	206.7	210.2
		C. 鉱業，採石業，砂利採取業	217.5	223.2	218.8	223.1	219.8
		D. 建設業	209.7	210.2	208.7	214.6	216.7
		E. 製造業	202.0	202.0	203.2	205.2	206.6
		F. 電気・ガス・熱供給・水道業	197.2	200.9	200.9	201.2	202.2
		G. 情報通信業	209.0	212.0	216.0	216.8	218.1
		H. 運輸業，郵便業	189.3	192.8	195.0	198.6	201.5
		I. 卸売業，小売業	201.6	203.8	207.2	205.5	211.0
		J. 金融業，保険業	201.2	202.7	205.4	204.6	207.3
		K. 不動産業，物品賃貸業	208.0	210.8	210.7	210.6	213.9
		L. 学術研究，専門・技術サービス業	212.2	204.2	213.9	224.5	227.2
		M. 宿泊業，飲食サービス業	193.0	191.7	194.5	198.1	200.8
		N. 生活関連サービス業，娯楽業	201.8	204.8	207.2	206.1	209.0
		O. 教育，学習支援業	199.4	200.6	206.4	205.9	209.4
		P. 医療，福祉	199.0	196.7	204.9	201.5	206.9
		Q. 複合サービス事業	171.1	179.0	177.9	182.9	184.9
		R. サービス業（その他）	200.0	203.6	199.2	202.0	205.3
	高専・短大卒	T. 産業計	175.6	176.9	179.2	181.4	183.9
		C. 鉱業，採石業，砂利採取業	178.9	169.5	-	205.7	-
		D. 建設業	184.7	184.8	181.7	190.5	189.4
		E. 製造業	175.4	176.8	177.7	179.7	183.2
		F. 電気・ガス・熱供給・水道業	176.9	179.4	180.0	180.4	181.7
		G. 情報通信業	183.9	189.3	189.3	188.7	190.2
		H. 運輸業，郵便業	175.9	168.0	173.6	182.2	176.6
		I. 卸売業，小売業	174.2	173.3	176.4	177.9	180.5
		J. 金融業，保険業	165.1	174.4	170.7	167.8	172.3
		K. 不動産業，物品賃貸業	180.3	182.2	178.1	183.3	182.4
		L. 学術研究，専門・技術サービス業	172.2	185.3	182.6	180.6	180.0
		M. 宿泊業，飲食サービス業	165.2	167.4	168.2	175.7	176.5
		N. 生活関連サービス業，娯楽業	166.4	172.5	173.3	177.1	185.0
		O. 教育，学習支援業	173.8	175.9	179.2	182.9	183.1
		P. 医療，福祉	179.3	179.2	183.0	183.7	189.4
		Q. 複合サービス事業	156.5	159.7	158.5	163.8	161.3
		R. サービス業（その他）	173.3	173.8	175.9	178.9	176.9
	高校卒	T. 産業計	160.9	161.3	162.1	165.1	167.4
		C. 鉱業，採石業，砂利採取業	169.7	169.5	166.9	166.3	169.7
		D. 建設業	168.1	170.3	169.7	172.3	176.1
		E. 製造業	161.5	161.4	162.2	164.3	166.3
		F. 電気・ガス・熱供給・水道業	161.7	161.9	163.0	163.2	162.4
		G. 情報通信業	163.1	168.7	164.6	164.6	171.0
		H. 運輸業，郵便業	167.3	161.2	160.5	168.5	166.8
		I. 卸売業，小売業	157.7	161.7	161.6	165.1	168.4
		J. 金融業，保険業	158.4	150.6	148.8	148.9	158.5
		K. 不動産業，物品賃貸業	186.3	164.2	161.5	169.3	166.8
		L. 学術研究，専門・技術サービス業	158.5	162.9	166.7	167.6	167.4
		M. 宿泊業，飲食サービス業	155.9	159.2	157.6	164.9	167.8
		N. 生活関連サービス業，娯楽業	168.4	165.1	165.0	167.8	171.3
		O. 教育，学習支援業	157.9	157.6	157.3	159.2	168.1
		P. 医療，福祉	150.7	151.5	159.1	159.2	165.4
		Q. 複合サービス事業	146.5	148.0	148.3	153.9	159.7
		R. サービス業（その他）	159.6	161.0	163.5	167.1	167.2

学生さんの自由労働時間の選択

次に、学生さんのときは、どんな自由労働時間を選択するべきかです。

学生さんは、勉強が本業なので、自由労働時間というよりも、自由勉強時間と考えて、最低銅メダル以上の時間勉強に取り組んだらいいと思います。

その中身ですが、何をしていいかわからなければ、自分の家で購読している新聞を毎日精読すること。大変社会勉強にもなり、おすすめです。

新聞は、情報の海ですし、学生さんにはなじみやすい取組みの1つです。

また、読書を毎日30分以上自由勉強時間として取り組むのもいいです。読書の本当の面白さは、ゲームどころではありません。

人生を変える出会い

あなたの人生そのものを変えてしまう出会いが、一杯あります。しかも、有名人の伝記や、人生論、小説、哲学書など内容も豊富です。

まず、自分が興味がもてそうだと思われる分野から気軽にスタートすればいいでしょう。図書館にいけば、本代もかかりません。

歴史の東西を問わず、一流の人の共通点は読者家といわれています。あなたの60兆個の細胞君も、読書することにより、さらにパワーアップしていくことは間違いないのです。

ここまで読んでいただいてもまだ、明日からとなると、30分といえどもできないものです。

私の場合は、このような時間戦略を実施するときは、手帳か、A４の用紙に遂行状況がわかるように、進行表を作成して、マーカーでできた日をチェックするなどしています。

とにかく30分。１時間と決めたならば、まず1週間トライしていただき、それができれば1か月・3か月と諦めずに挑戦していただきたいことです。11時に睡眠するとしても、夕方7時からでも4時間あります。好きなテレビやゲームもあると思いますが、その４分の１か８分の１です。

時間数にしたら４分の１か８分の１にしか過ぎませんが、脳細胞の新たな刺激などを考えるならば、その実時間は２時間・４時間にも匹敵する価値がある自由勉強時間です。

図表32の年間カレンダーに、自分は銅メダル・銀メダル・金メダルのコースを決意していただき、できた日は〇でチェックしていったらわかりやすいです。

毎日30分自由労働時間にチャレンジ

言うだけではダメです。思うだけではダメです。銅メダルで毎日30分自由労働時間にチャレンジしてやることです。

その他の時間戦略にあるような、複雑な仕組みは考えないで、とにかく30分以上できたならば、チェック表に〇だけでもいいのです。できない日があったとしても気にしないで、その分日曜日にまとめてするとかで、とにかくできてもできなくても継続してみてください。

〔図表32　チャレンジ年間カレンダー・2020年〕

4月

日	月	火	水	木	金	土
			1	2	3	4
5	6	7	8	9	10	11
12	13	14	15	16	17	18
19	20	21	22	23	24	25
26	27	28	29 昭和の日	30		

5月

日	月	火	水	木	金	土
					1	2
3	4 みどりの日	5 こどもの日	6 振替休日	7	8	9
10	11	12	13	14	15	16
17	18	19	20	21	22	23
24	25	26	27	28	29	30
31						

6月

日	月	火	水	木	金	土
	1	2	3	4	5	6
7	8	9	10	11	12	13
14	15	16	17	18	19	20
21	22	23	24	25	26	27
28	29	30				

7月

日	月	火	水	木	金	土
			1	2	3	4
5	6	7	8	9	10	11
12	13	14	15	16	17	18
19	20	21	22	23 海の日	24	25
26	27	28	29	30	31	

8月

日	月	火	水	木	金	土
						1
2	3	4	5	6	7	8
9	10 山の日	11	12	13	14	15
16	17	18	19	20	21	22
23	24	25	26	27	28	29
30	31					

9月

日	月	火	水	木	金	土
		1	2	3	4	5
6	7	8	9	10	11	12
13	14	15	16	17	18	19
20	21 敬老の日	22 秋分の日	23	24	25	26
27	28	29	30			

10月

日	月	火	水	木	金	土
				1	2	3
4	5	6	7	8	9	10
11	12	13	14	15	16	17
18	19	20	21	22	23	24
25	26	27	28	29	30	31

11月

日	月	火	水	木	金	土
1	2	3 文化の日	4	5	6	7
8	9	10	11	12	13	14
15	16	17	18	19	20	21
22	23	24	25	26	27	28
29	30					

12月

日	月	火	水	木	金	土
		1	2	3	4	5
6	7	8	9	10	11	12
13	14	15	16	17	18	19
20	21	22	23	24	25	26
27	28	29	30	31		

1月

日	月	火	水	木	金	土
					1 元日	2
3	4	5	6	7	8	9
10	11 成人の日	12	13	14	15	16
17	18	19	20	21	22	23
24	25	26	27	28	29	30
31						

2月

日	月	火	水	木	金	土
	1	2	3	4	5	6
7	8	9	10	11	12	13
14	15	16	17	18	19	20
21	22	23	24	25	26	27
28						

3月

日	月	火	水	木	金	土
	1	2	3	4	5	6
7	8	9	10	11	12	13
14	15	16	17	18	19	20 春分の日
21	22	23	24	25	26	27
28	29	30	31			

やがて楽しくなってくると思います。なぜなら、毎日細胞君が活性化するからです。できないと何か寂しくなってきます。

この継続的チャレンジが、あなたの人生をきっと変化させていくキッカケになっていきます。頑張ってやってみましょう。

2　20代・30代の特徴と自由労働時間の意味

20代・30代の自由労働時間

ここでは、いよいよ社会人となってからの自由労働時間の取組みについて考えてみることにしましょう。

大学を卒業して、22歳社会人1年生または、高校を卒業されて18歳社会人1年生で、いよいよ実社会に飛び立ったわけです。ほとんどの人が、瞳を輝かせて、好奇心一杯で、職場に毎日行かれているものです。

私も新入社員のころは、なにもかも新鮮で、毎日が様々な刺激の連続でした。今考えても入社1年目というのは、心の記憶の世界では、3年分いや5年分くらいの感覚と記憶がいまでもまざまざと蘇ります。不思議なものです。しかし、3年目以降はスピードはどんどん速く、時の流れを感じます。

このように、私は、常に新しいものに挑戦しないと、惰性に流され、人生を有意義に生きていけないのではないでしょうか。このための解決方法の1つとしての自由労働時間は、最適な人生の戦略の1つではないかと最近思う次第です。8年前ノーベル賞を受賞された山中教授の開発されたiPS細胞は、ある意味、自己啓発の視点でとらえるならば、自由労働時間の役割と共通点もあります。

新たな、労働時間で生まれた細胞君への指示は、自己啓発的に考えればある意味あなたの体の中にiPS細胞を増殖させていると考えております。

私のような地方の無名の一社労士が、中山教授のiPS細胞と、私の造語である細胞君を比較するのは、失礼かとも思いますが、お許しいただければと思っております。

iPS細胞が肉体の再生なのに対して、私の造語である細胞君は心の再生につながっていくのではないかと、その共通点に自分でも驚さを最近感じている次第です。

ところで、この節は社会人の労働時間がテーマです。20代・30代のポイントは、30歳前後で結婚するかどうかが、この年代の最大の出来事の1つでしょう。

晩婚化

最近は男性も女性も結婚はしたいのだけれど、希望にそう相手がいないということで、男性女性とも晩婚化が大きな日本の社会問題の1つにもなってきています。

あなたは既婚者ですかそれとも独身者ですか。あなたの会社での目標は何ですか。

人生の将来の設計はできておりますか、人生の真の幸福とは何ですか、との質問に対して明確に答えられる方は、これまで人生をしっかり考えてこられた方です。多くの方はすぐ回答できなかったのではないでしょうか。

ここに、多くの若者の不幸があります。私がサラリーマンのころは、誰よりも早く出世したいとか、金持ちになりたいとか、目標は明確でした。ですから、毎日サービス残業は当たり前でした。大変な毎日でしたが、今思えば楽しかったです。

やはり、人生は目的がないとだめだということです。

結果として、一概に言えませんが、日本の青年の晩婚化の原因の1つにもなってきていると思うのです。

私の持論ですが、どの細胞君にも医学的には体全体をつくる設計図が入っているということからも、細胞君もマズローの欲求5段階説と同じく、自己実現幸福を求めています。

したがって、自分の細胞君を天才と自覚して、自分の思いを伝えることが、人生において最も重要な視点ではないかと思います。この根本的なことが、理解していないことが、体と心のバランスを欠くことになり、人生がうまくいかなくなってきます。

要するに、人生の幸福は、この細胞君を如何に生かすことができるかどうかにかかってくるのです。

〔図表33　三村式幸福論〕

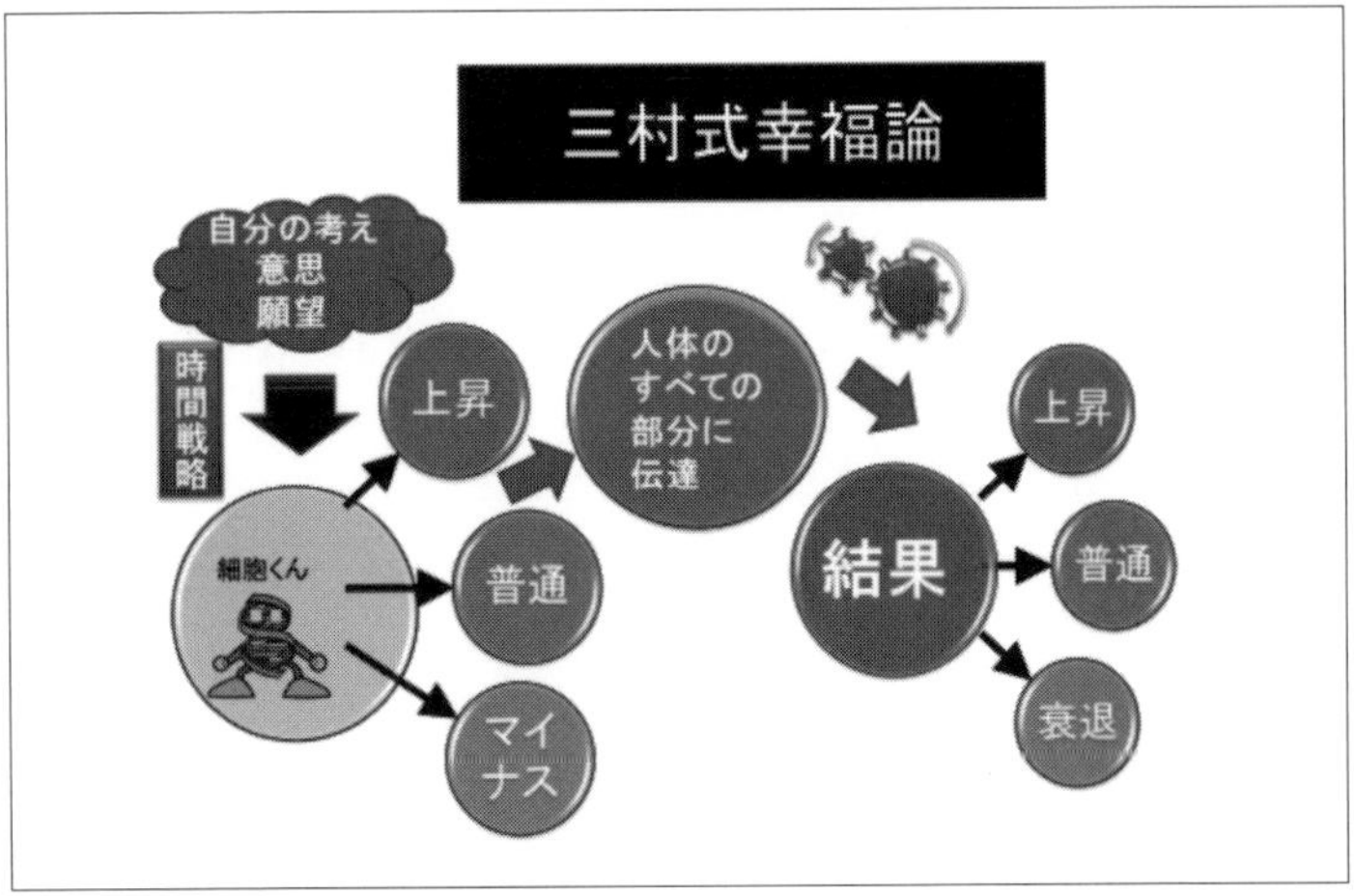

三村式幸福論

この考えを私は、図表33の三村式幸福論と自分で命名しています。

20代の方の自由労働時間について考えてみましょう。

20代の方は、会社に新入社員として、入社し、毎日どちらかというと多忙な方が多いのではないでしょうか。ですから、時間を取るというのは、ある意味大変な自己との戦いかもしれません。

この年代におすすめなのは、仕事に関連した資格取得か、または仕事に関連したビジネス本を多く読まれることです。

若い、青年時代です。仕事においても、ある意味生涯の基礎ができあがる重要な時期です。ビジネス本も最低2冊以上読みたいものです。1か月2冊ですと年間で24冊、結婚が30歳とすると22歳からでは、192冊読破することになります。

これってすごいと思いませんか。おそらく、同僚とは、22歳からこの自由労働時間に取り組みを実施して30歳結婚の時期には一目おかれる人材に成長できています。

この192冊、1冊1500円として28万8000円と経費がかかります。給料が1月20万円とすると30歳までの8年間で1920万円の収入になります。これは収入の1・5％です。

ちなみに、一般的にこの手の自己啓発のビジネス本では、収入の3％を自己の教育に投資しなさいといわれています。

皆さん、考えてください。労働者として雇用されるということは、会社に自分の労働力をある意味1つの商品として、販売してきているわけです。

皆さんもいろいろな商品を購入される機会があると思いますが、その商品が変化していかないと、瞬く間に市場から抹殺されていくのが、この社会の実態です。ある意味、同僚の皆さんと競争しながら、会社に自分の労働力を販売してきているのです。

あなたが、自己研鑽しないで、いつまでも古い考えにとらわれていては、会社もいつかあなたを不要と決断すると思います。毎日一緒に仕事をしているのだから、同僚とは格差がつかないから大丈夫と思っているとすれば、きわめて甘い考えであるといわざるを得ません。

職場の同僚は、ライバルであり、労働を商品として捉えるならば、ある意味敵になってくるわけです。いかがですか、私も22年間サラリーマン生活をしてきたので、よくわかるつもりです。

あなたが、多少成績がいいと、同僚はあなたのいないところで、上司に影口をたたいているかもしれませんよ。

私は、サラリーマン時代いつも役員などの上司に対しては、それはそれは上手に立ち回る同僚が結構おりました。しかし、そのような方に限って、その上司が失脚したとか、事情があって会社を辞めたとします。その後どうでしょうか。あれだけ在職中は上司にお世話になっておきながら、手の平を返したように、突然変化する方が如何に多いことか。

要するに、経済的価値がなくなれば、付き合いは必要ないとする同僚が一杯いるのです。

ビジネス本は、あなたの天才としての能力を引き出す

そのような、稀薄な人間にならないためにも、自由労働時間にビジネス本の読書をおすすめします。経済的価値だけで生きている方は、本当の人生の素晴らしさがわかっていない人たちなのです。

誰もが天才であると、思わないから、そのような態度ができるのです。私はこれを大人社会のいじめと思っています。

192冊のビジネス本は、あなたの天才としての能力を十分に引き出してくれます。引き出すということは、あなたの60兆個の細胞君が動いてくれるということです。

30分が8年間で、1460時間日数で60日間読書したことになります。

ランチェスターの時間戦略は、毎日30分ですが、このトータルは60日分であり、私の主張する実労働時間では120日分には相当します。

〔図表34　１日の生活パターン〕

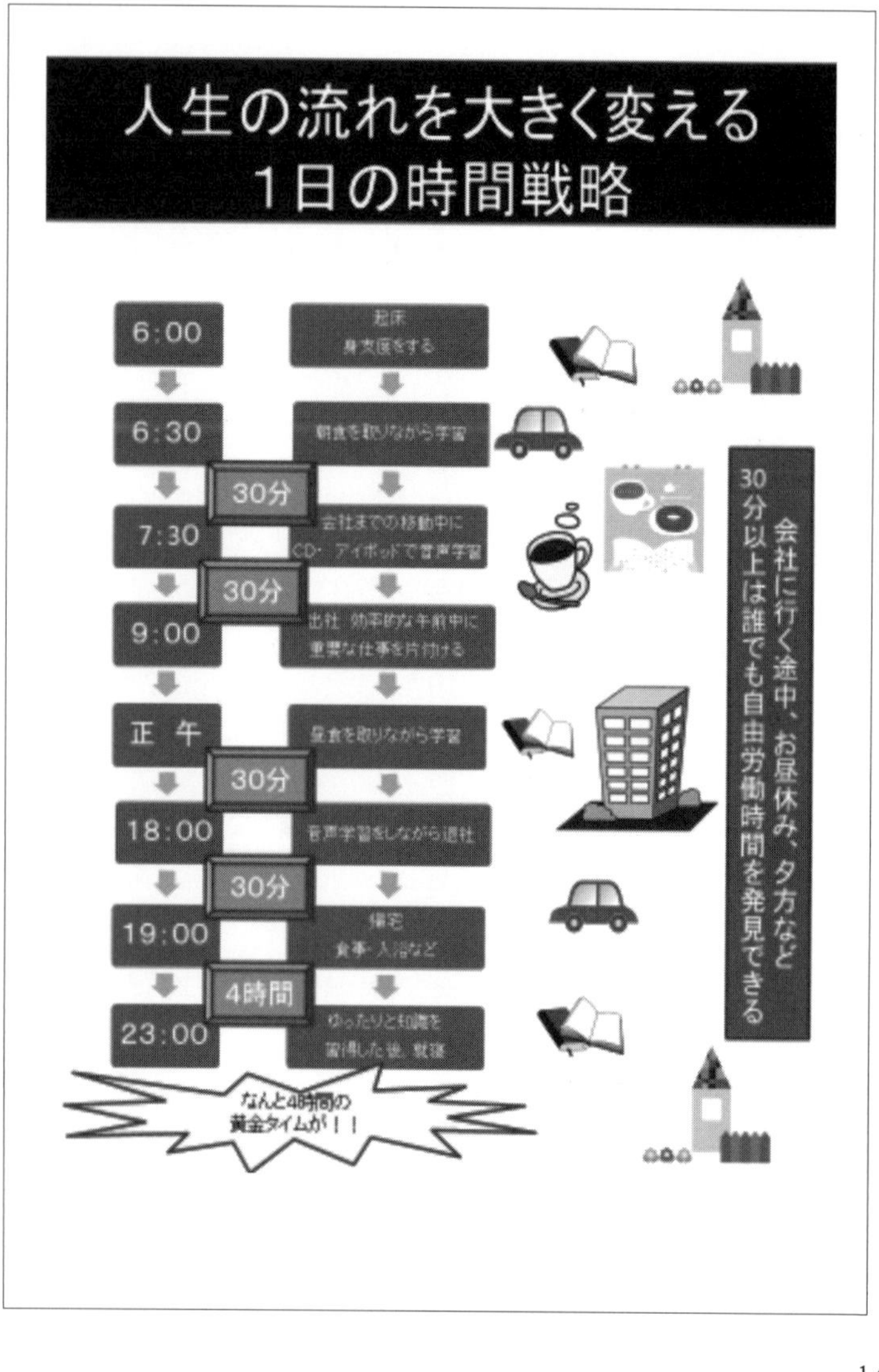

これだけ取り組んで成果が出てこない訳がありません。皆さんもこの数字を見れば、理解していただけると思います。

毎日のたった30分ですが、なんと侮ることなかれ30分です。時間は直線ではありません、曲線のうえに我々の人生はあるのです（図表34）。

ところで、時間戦略に挑戦したとして、やむなく計画どおりいかないような状況になったときは、週末の日曜日に平日やむなくできなかった時間分をまとめて取り組めば、いいのではないでしょうか。

このように、とにかく1日、2日できない日があっても継続して、自由労働時間が習慣になってくればいいのです。継続していけば、あなたの体の60兆個の細胞君もそのあなたの指示に従って行動していきますので、やがて日常的な習慣になってきます。

あなたが30歳結婚のときには、この時間戦略の効果は十分実感できることになると思います。

先ほど、できない日は、週末の日曜日に自由労働時間の取組みをと述べましたが、日曜日や、祝祭日は、結婚しておれば、家庭サービスの日でもあります。

また、ある意味、普段のお仕事から解放されて、心身ともにリフレッシュする日でもあると思います。加えて、日曜、祝祭日は、仕事から解放され、雑念が入りにくいので、ある意味集中できる日でもあります。

したがって、仮にその週2回できてなければ、2回分の1時間多く自由労働時間に取り組めばよいのではないでしょうか。その集中度は、平日よりも効果があるのではないかと思います。

また、その日調子がよければ、2時間、3時間と取り組んでよいでしょう。日曜・祝祭日は、その気になれば、自由労働時間の取組みは平日以上にできる環境下にあります。

私は、週末の日曜日は、自己啓発的な視点でみるならば、誰もが天才に最もなれる黄金の日ではないかと思うのです。

3　40代・50代の特徴と自由労働時間の意味

40代・50代の自由労働時間

ここでは、結婚もして、子供さんもいるものとして、時間戦略を考えてみましょう。

40代・50代というのは、一般的には、会社でも、職場でもある程度、地位もあり、部長とか課長とかの肩書きの方が多いと思われます。

いや、リストラにあって失業中とか、または会社の社長として立派な方もいます。様々な、立場の方がおり、各人の条件は相違しています。

しかし、この自由労働時間は、誰でも平等な時間が与えられておりますので、その気になれば誰もが応用できる戦略です。

ですから、40代・50代は、外目には格差があるように見えますが、この時間戦略の取組みには関係ないでしょう。

この年代は老後のことも検討してくる世代です。65歳になったらいくら年金がもらえるのだろうかとか、定年後どのように生きていこうとかということが頭の片隅にいつもあるのではないかと思います。

この年代の取組みとして、私は、やはり、読書をおすすめします。そして、ＤＶＤやウエブ学習も是非おすすめです。

この年になると30代よりは、体力も若干陰りがでてくる年代です。無理をして、大病にでもなれば、不幸です。

時間戦略として、銅メダル30分でいくか。銀メダル1時間でいくかは別として、とにかくスタートすることが、ポイントになります。

職場でも家庭でも、重要な立場にあり、その毎日は、気苦労が耐えない日々かと思います。

会社での残業も多くなってきていることでしょう。しかし、昨年からの働き方改革で残業は少なくなってきているのではないでしょうか。毎日くたくたで、自由労働時間などとても取れる状況ではないと思われている40代・50代の方も多いはずです。

私も40歳サラリーマンのとき、毎日自分の担当の拠点で、職員がみな帰社して、事務所を閉めて、やっと家につくのは、毎日9時・10時でした。

それから、食事をして、お風呂に入っていたら、後は睡眠で、ほとんど時間がとれないし、疲れて何もできない状態であったことを思い出します。

いかに自由労働時間をつくり出すか

このような、毎日の中で、いかに自由労働時間をつくり出すか。誰でも悩むところです。

私のときは、前述したように、資格マニアでしたので、暇を見つけては、ＣＤ学習をしました。なにも資格でなくても、ビジネスセミナーのＤＶＤとか、いろいろなツールがあります。読書が、毎日できなくても、このようなＤＶＤ学習などを複合的に実施していけばできてきます。

どんなに多忙なときでも、真剣に自分の時間を分析すれば、最低30分以上はどのような方でも、つくり出すことはできます。ただ、忙しいと自分に言い聞かせ、真剣に時間と向き合わないだけのことです。

この人生で一番の働き盛りのときだからこそ、毎日30分以上の自由労働時間の時間戦略は重要です。

私は毎日の多忙なサラリーマン時代に、22種類の資格にチャレンジして、取得してきました。その経験からいえることは、多忙であれば多忙なときほど、読書または学習したことは頭に残るということです。

なぜかそれは、与えられた時間がないので、必死だからでしょう。必死だから、60兆個の細胞君も必死になるのです。

〔図表35　４５歳から６０歳までの自由労働時間〕

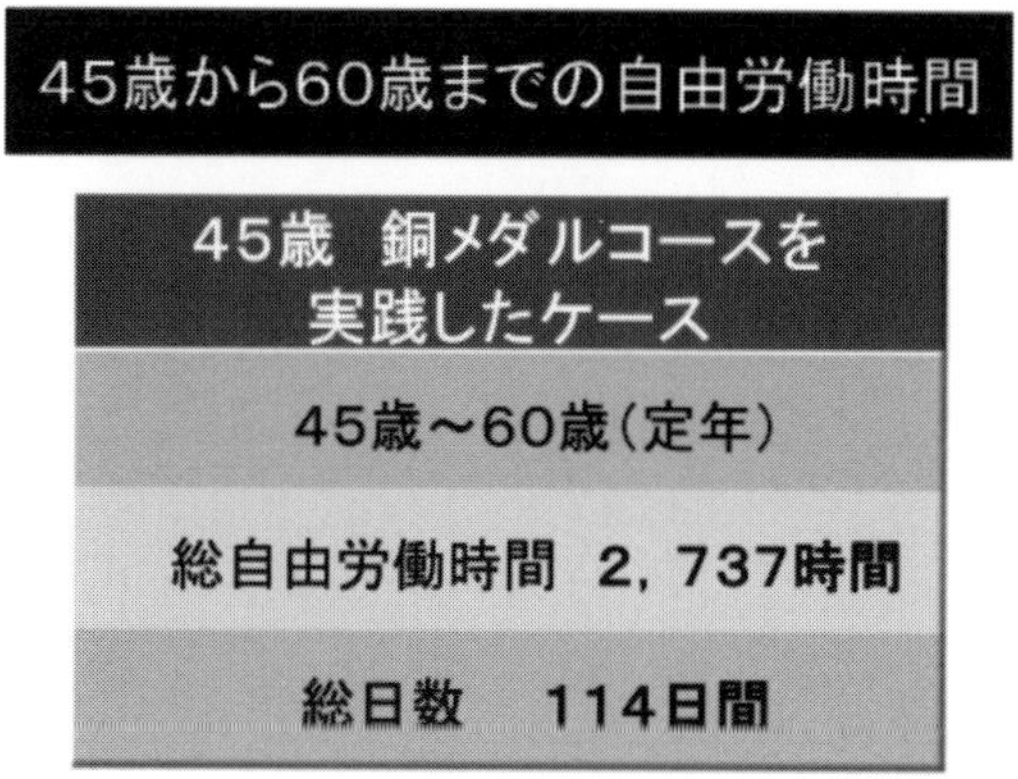

時間がなく、超多忙なときほど不思議なものです、いい仕事ができるものです。

私のこの考えに同調していただけるかどうかわかりませんが、言えることは、この年代の時間戦略は、人生１００年の方向づけをしてくれるということです。

なぜか、60代・70代ではできない、人生の創造性を磨いていける年代だからと思います。また、この年代になると、ＤＶＤでセミナーなどを聞くと、若いときとは比べ者にならない、深い洞察力がこの年代には芽生えているからです。

例えば、45歳の方が60歳の定年まで、毎日とりあえず30分の時間戦略に挑戦して、定年をむかえると、その総労働時間は図表35のようになります。

１１４日間の自由労働時間になるのです。実労働時間は２２８日間分にもなってきます。この訓練をしないで、定年をむかえるのと、時間戦略をして定年を迎えるのとでは、結果は明らです。

私も毎日、銀メダル1時間に挑戦しています。

また、この45歳という年齢は、転職や自営して独立していくといった選択肢もあり、ある意味人生における最終的な決断がいる年齢でもあります。自己実現に向けて、個人ごとに選択肢は変わってきますが、いずれにしても、45歳前後は社会的にも大変重要な立場に置かれます。

この年代は、人生80年を生きていく上でも、自由労働時間は、30分ではなく、あえて銀メダルの1時間コースをおすすめしたい気持ちで一杯です。

なぜならまだまだ体力・気力が残っている年代だからです。

4　60代・70代の特徴と自由労働時間の意味

60代・70代の自由労働時間

次は60代・70代の自由労働時間について考えてみましょう。

人生の大先輩になる60代・70代の特徴はなんといっても、定年という定めです。

現在では、高年齢者雇用安定法の改正により、60歳で定年になっても、希望すれば65歳まで雇用しなさいと事業主に義務づけをされたわけであります。

この背景には、年金が60歳から、受給できなくなってくる、大量の団塊の世代の影響もあります。

〔図表36　年金の受給開始年齢〕

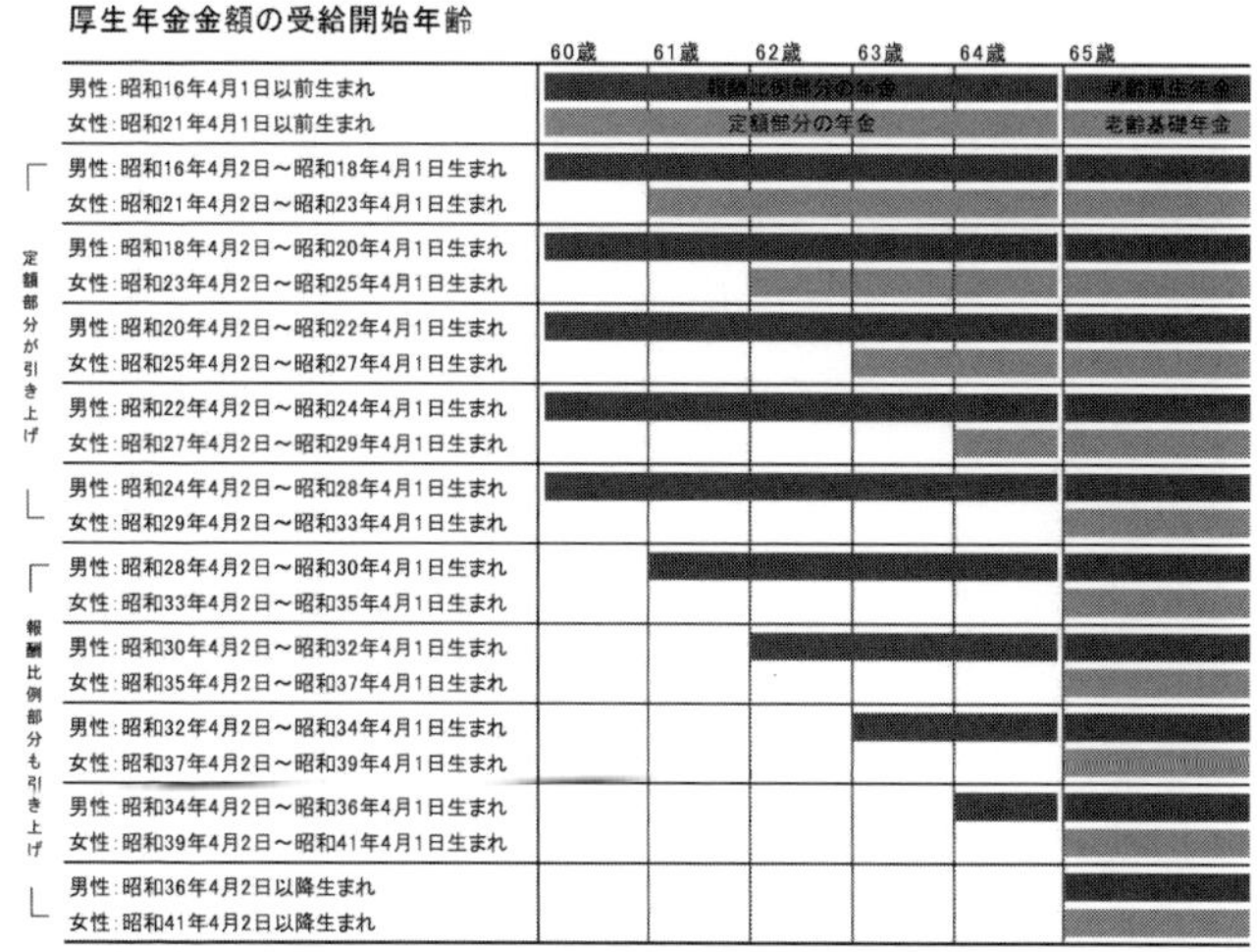

※　共済年金の受給開始年齢は男性と女性の区別なく、上記の厚生年金の男性と同様に引上げられます。

したがって、現在の日本は、基本的には65歳まで働く社会になってきたからです

この65歳をどのような考えで乗り切っていくかが大変重要な課題の1つです。

ご参考のために年金の受給の推移表を掲げると、図表36のとおりです。

マズローの欲求5段階説で記載したように、人間は最終的には、マズローの説くところの自己実現の欲求に向かっていくのです。定年間際で、自己実現の欲求まで達成されている方はほとんどいられないように思います。したがって、サラリーマンの方は、定年は自己実現のための、大きな転換点との認識にたって人生を考えたらいいのではないかと思います。

多く団塊の世代の方は、小さいときから、大きくなったら大会社に入社して、定年まで

勤めあげることが、人生の目的で、最高の生き方のように教えられてきました。

会社を辞めるということは、以前はそのことだけでも、人生の落伍者のように取り扱われたものです。そのような環境で、定年まで、何があっても歯を食いしばって頑張ってきたのが、いわゆる、この団塊の世代の特徴かと思います。

団塊の世代は、いわば今日の日本経済を支えてきた大先輩がたですが、ほとんどのサラリーマンの方は、定年後何も考えがない方が多いです。

定年後は奥さんと一緒に旅行するとか、ゴルフ三昧の生活をするとか、いろいろなことを考えられるようですが、現実はなかなかうまくいかないようです。

定年と同時に、奥様から熟年離婚を言い渡されたとか、定年になったとたん体を悪くし、入院して、最悪のときはなくなられたとか、悲惨な話は巷に溢れております。

この現実を考えると、定年と同時に引退することは、決して人生の自己実現には繋がらないことだと思うのです。

生涯現役を標榜しております私は、45歳で、22年間勤務したサラリーマンを早期定年退職して、その年に、社会保険労務士として独立、すでに20年が経過しました。

仕事がら、いろいろな自営業の方とのお付き合いもあります。そのような経験を通して思うのは、自営業の方は70歳でも、本当に元気で、現役で頑張っておられる方が一杯おられることです。

しかし、サラリーマンとして勤務していた会社の先輩方の定年後の様子をお伺いすると、ほとんどの方が過去に生きており、お話することは、サラリーマン時代の思い出ばかりです。

定年という美名のいわゆる解雇

こう考えると、定年とは何かと思います。会社の経営からみれば、新陳代謝のための定年は当然の制度ですが、受ける従業員さんからみれば、定年という美名のいわゆる解雇です。

このようなことを考えると、定年後も仕事を何か今までの経験をとおして働くという視点が非常に重要ではないかと思います。

これまで、多くの日本人は、定年までしか人生設計がされていません。また、教育もされていません。

ほとんどの方の60兆個の細胞君も、定年で使命が終わってしまったと思い、定年と同時に、衰退してしまっているように思います。

皆さん、自然を見てみて、どの動物でも定年隠居などと、のんびり生きている動物はおりません。あのアメリカでさえ、定年制度はなくなってきているようです。

定年と同時にピタリと働かないような国は、非常に少ないのが現実です。

日本もかつての江戸時代を考えてください。そもそも年金なんてありません。しかし、しっかり生きています。今日のように。３万人も自殺するなど考えられなかったことです。

生涯現役で働くと考えれば、ある意味、江戸時代のように、年金もいらないかもしれません。

年齢もいっているから、現役のような給料は望めないかもしれませんが、年金受給のことを考えれば、月15万前後でも十分かと思います。

このようなこと考えると、生涯現役で働くことが、私は最大の健康対策になってくるのではないかと思います。

以上のような視点にたって、時間戦略を考えてれみましょう。定年までの時間で、定年後のお仕事や、趣味としてやりたいことがあるのであれば、ぜひ関連しての自由労働時間の取組みをおすすめします。

例えば、比較的とりやすい資格取得の勉強をするとか、またはやってみたいと思う趣味の勉強をしていくとか、毎日30分以上銅メダル以上の時間戦略を実施してはいかがですか。

図表37のように、60歳であれば65歳定年までに30分ですと912時間、38日間の自由労働時間になります。実労働時間では76日間になります。60歳で初めても、5年間でなんと2か月も労働したことになります。

65歳退職までの取組みは、65歳以降の人生のあり方に大変な影響をあたえることになります。

次に、定年を迎えられて、65歳以降の自由労働時間の取組みについて考えてみましょう。

定年を迎えて、再就職をされる方はこれまで記載してきた自由労働時間の取組みを継続されればいいです。

かつて、日本ではじめて日本地図を作成した伊能忠敬は、55歳から17年かけて全国を回ったそう

〔図表37　６０歳から６５歳までの自由労働時間〕

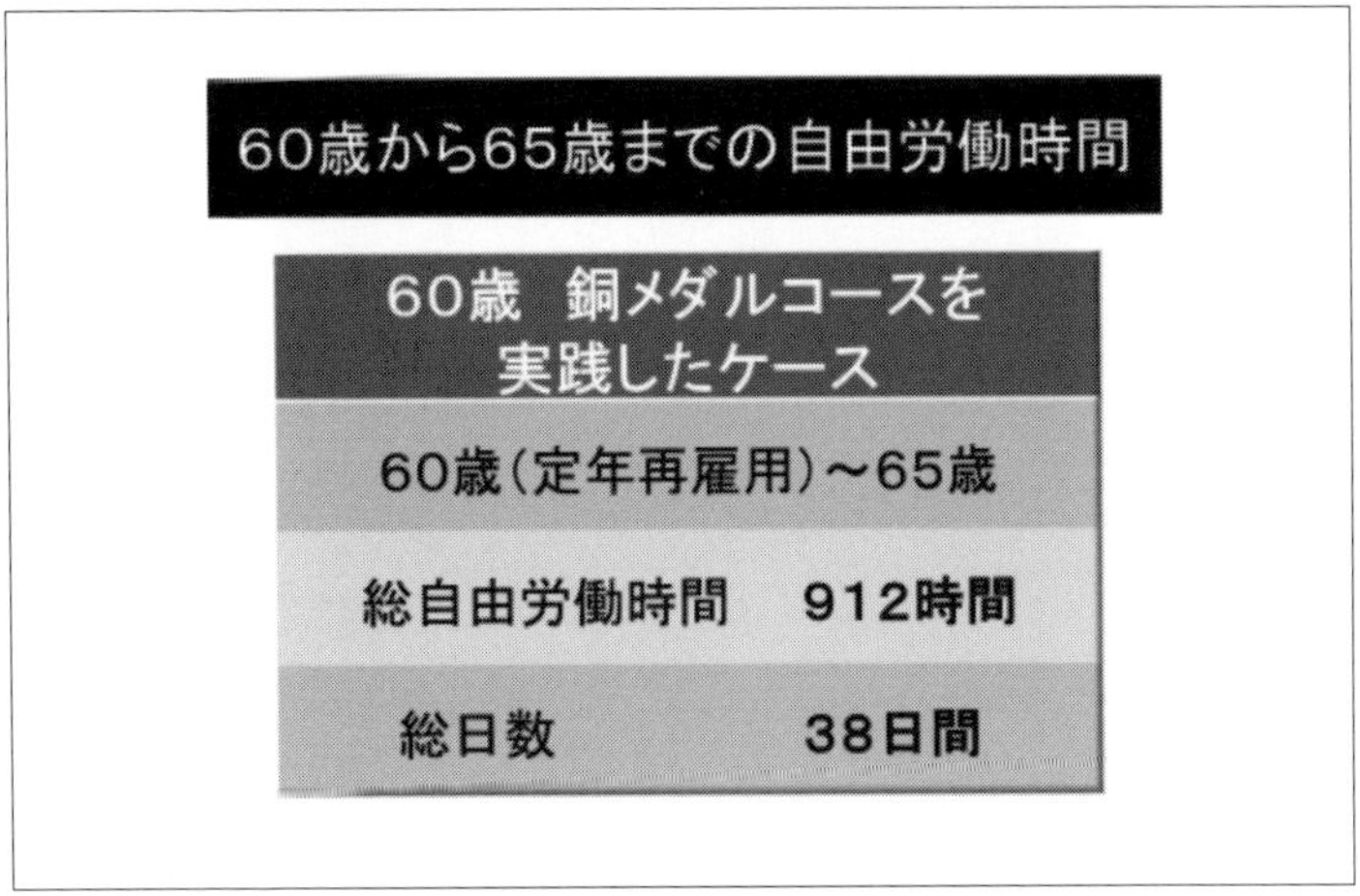

60歳から65歳までの自由労働時間	
60歳　銅メダルコースを実践したケース	
60歳（定年再雇用）〜65歳	
総自由労働時間	912時間
総日数	38日間

です。

また、近代でいえば、あの上場企業ダスキン創業の鈴木清一社長が52歳のときに創業しています。

こう考えると65歳は、まだまだ現役で仕事を十分やりきれる年代です。勝手に自分は年だからできないと、思いこんでいるだけです。

次に、どうしても体力的なこともあり、65歳定年と同時に、仕事をやめられ奥様とともに家庭に入られる方もおられます。

このケースでの自由労働時間の取組みは、今までの現役の時代の考え方とは違う取組みが必要です。基本的には仕事をしておらず、年金等が主たる収入源としての生活になってきます。

自由労働時間は、仕事をしていないので、金メダルコースの2時間以上の取組みがあったらいいです。

では、何をすればいいかです。仕事という主たる目的から、解放された方なので、趣味をある意味仕事と割り切って、園芸をやるとか、シルバー人材センターの講習をうけるとか、旅行をして、世界を今まで以上に見つめる機会をつくるなど、これまでの人生経験に応じて様々な取組みが考えられます。

私は、数年前までシルバー人材センターの委託をうけて毎年10日ほどマンション管理人養成講座を開催してきました。毎年30人ほど受講しており、希望者は多い時で90人ほどなので、毎回抽選で開講してきました。最近の受講生の傾向は、私がこの講座を始めたころからみると、65歳以降も働きたいという方が本当に多くなってきたということです。

やはり、年金だけでは、生活がままならない時代になってきたのかと感じる次第です。現在の日本では、65歳以降働かなくても、十分生活ができるという方は、非常に少数になってきています。社会保険労務士の仕事をしていて思うのは、年金だけで食べていけるのは、月額20万以上ある、約1割の方ではないかと思います。

ですから、65歳以降働かなくて、家庭に入られる方は、今の日本では大変恵まれた方の1人なのです。

金メダルの取組み

金メダルの2時間の取組みですが、マンション管理人養成講座を受験されるのも、大変面白い選択の1つかと思います。この資格など、まさに、65歳あたりは、最適な労働人口にあたります。

〔図表38　６５歳から８０歳までの自由労働時間〕

65歳から80歳までの自由労働時間	
65歳　金メダルコースを実践したケース	
65歳～80歳	
総自由労働時間	10，950時間
総日数	456日間

その他、いろいろな趣味が考えられます。旅行であれば、一緒にいった方とお友達になれるかもわかりません。

65歳で家庭を選択されたとしても、町内会の役員など積極的に引き受け、とにかく勇気をだして、積極的に多くの人とお話ししていくことが、非常に重要です。

仮に65歳から80歳までの金メダルコースを選択したとして、毎日2時間挑戦すると、80歳までに累計1万９５０時間・４５６日間労働したことになります。なんと1年以上この15年間の間に学ぶわけです（図表38）。

このような、時間戦略を実施するならば、60兆個の細胞君も、フルパワーで働いてくれるのではないでしょうか。

繰り返しますが、細胞君は何か仕事をしているほうが居心地がいいのです。

よく言われることですが、脳の右脳は年をとればとるほどその直観力や感性力は磨かれるそうです。

ちなみに皆さん、パナソニックの創業者である、松下幸之助の80歳を超えたときのお話とか、本などを読みますと改めて、経営の深い知恵を一杯感じるものです。

この松下幸之助氏の右脳などは、年齢を重ねれば重ねるほど発展していくという見本ではないでしょうか。

家庭に入られる方が、現役の方の最低30分以上ではなく、最低でも金メダルの2時間以上コースを何故おすすめするか、その意味が、ご理解いただけたでしょうか。

とにかく積極的に外に出て、いろいろな方とお話されることをおすすめします。そしてこの年代は自分の健康管理には十分注意してください。

新型コロナショックの昨今では、いろいろお話されるのも、スカイプなどのネットを活用すれば、感染リスクは低減するのでコミニケーションはとっていけると思います。

5　定年を迎え、生涯現役か引退かの選択

生涯現役の目標

ここでは、今一度、生涯現役か引退かの選択について考えてみましょう。

図表39を見てください。10歳から99歳までの年表を作成してみました。日本の平均寿命は、男性が81歳、女性が87歳までとなっておりますが、あなたは日本の平均寿命まで、あと何年生きることになりますか。

学者に言わせると、人間は120歳まで生きることが可能であるとのことです。

私は生涯現役を目標に働けるまで、働きたいと思っております。

先日ある社長とお話していましたら、顧問の社労士さんは現在83歳でバリバリであるとのことでした。現役を続けるとしても、できる仕事がないという方も多いようです。

私が、毎年実施してきたマンション管理人の養成講座でも、「私ら、仕事しようと思っても履歴書どまりですよ」との切ないお話もよく耳にします。このような現実も確かにありますが、提案している自由労働時間を、これまで何年かやり抜いてきた方であれば、65歳以降のお仕事は必ず、つかみとっていると思います。

なぜなら、同僚からみれば、毎日30分かもしれませんけれど、何かの努力をしてきているわけですから、格差がつかないわけがありません。

この取組みを実施する中で、竹田先生の圧勝型のような、時間戦略にまで挑戦されて、45歳前後で独立をされて、自分で会社を経営しておられる方も出てきています。

自営であれば、定年はありませんので、いつまでも働くことができます。人生の元気な大先輩がたを拝見すると、その多くが何かお仕事をされているか、ボランティア活動を積極的にやられてい

〔図表39　１０歳から９９歳までの年表〕

10代	10歳	11歳	12歳	13歳	14歳	15歳	16歳	17歳	18歳	19歳
	目標	目標	目標	目標	目標	目標	目標	目標	目標	目標
	銅 銀 金	銅 銀 金	銅 銀 金	銅 銀 金	銅 銀 金	銅 銀 金	銅 銀 金	銅 銀 金	銅 銀 金	銅 銀 金
20代	20歳	21歳	22歳	23歳	24歳	25歳	26歳	27歳	28歳	29歳
	目標	目標	目標	目標	目標	目標	目標	目標	目標	目標
	銅 銀 金	銅 銀 金	銅 銀 金	銅 銀 金	銅 銀 金	銅 銀 金	銅 銀 金	銅 銀 金	銅 銀 金	銅 銀 金
30代	30歳	31歳	32歳	33歳	34歳	35歳	36歳	37歳	38歳	39歳
	目標	目標	目標	目標	目標	目標	目標	目標	目標	目標
	銅 銀 金	銅 銀 金	銅 銀 金	銅 銀 金	銅 銀 金	銅 銀 金	銅 銀 金	銅 銀 金	銅 銀 金	銅 銀 金
40代	40歳	41歳	42歳	43歳	44歳	56歳	46歳	47歳	48歳	49歳
	目標	目標	目標	目標	目標	目標	目標	目標	目標	目標
	銅 銀 金	銅 銀 金	銅 銀 金	銅 銀 金	銅 銀 金	銅 銀 金	銅 銀 金	銅 銀 金	銅 銀 金	銅 銀 金
50代	50歳	51歳	52歳	53歳	54歳	55歳	56歳	57歳	58歳	59歳
	目標	目標	目標	目標	目標	目標	目標	目標	目標	目標
	銅 銀 金	銅 銀 金	銅 銀 金	銅 銀 金	銅 銀 金	銅 銀 金	銅 銀 金	銅 銀 金	銅 銀 金	銅 銀 金
60代	60歳	61歳	62歳	63歳	64歳	65歳	66歳	67歳	68歳	69歳
	目標	目標	目標	目標	目標	目標	目標	目標	目標	目標
	銅 銀 金	銅 銀 金	銅 銀 金	銅 銀 金	銅 銀 金	銅 銀 金	銅 銀 金	銅 銀 金	銅 銀 金	銅 銀 金
70代	70歳	71歳	72歳	73歳	74歳	75歳	76歳	77歳	78歳	79歳
	目標	目標	目標	目標	目標	目標	目標	目標	目標	目標
	銅 銀 金	銅 銀 金	銅 銀 金	銅 銀 金	銅 銀 金	銅 銀 金	銅 銀 金	銅 銀 金	銅 銀 金	銅 銀 金
80代	80歳	81歳	82歳	83歳	84歳	85歳	86歳	87歳	88歳	89歳
	目標	目標	目標	目標	目標	目標	目標	目標	目標	目標
	銅 銀 金	銅 銀 金	銅 銀 金	銅 銀 金	銅 銀 金	銅 銀 金	銅 銀 金	銅 銀 金	銅 銀 金	銅 銀 金
90代	90歳	91歳	92歳	93歳	94歳	95歳	96歳	97歳	98歳	99歳
	目標	目標	目標	目標	目標	目標	目標	目標	目標	目標
	銅 銀 金	銅 銀 金	銅 銀 金	銅 銀 金	銅 銀 金	銅 銀 金	銅 銀 金	銅 銀 金	銅 銀 金	銅 銀 金

るといった方が多いように思います。お仕事をされていなくても、元気な方は多数おられるのも現実でありますが、よくお話をお聞きすると、お仕事に変わる素晴らしい何かに取り組んでおられます。

人生2耗作が一番いいように思います。仮に22歳で就職して、定年後自営を開始するか、または、45歳前後で独立して生涯現役の人生を歩むようなコースです。

サラリーマン生活は最低20年は継続したいものです。何故なら、20年以上厚生年金に加入するかどうかで、将来65歳のとき年金受給の際に加給年金（配偶者がいるとき）が年間約39万円違ってきますし、厚生年金に20年以上加入しているかどうかで、随分受給額が相違してきます。私も厚生年金に22年間加入していたので、今この年になって本当によかったと思っております。

22歳で、どこかの社労士事務所に勤務して、独立していれば、おそらく厚生年金ではなく、国民年金に加入しています。国民年金であれば、月額約6万円ぐらいにしかなりません。

ところが、厚生年金の加入期間が22年ありましたので、月額約16万円になります。毎月約10万円相違してくるわけであります。この10万円が80歳まで生きたとすると、約１８００万円相違してきます。これは本当に大きい金額です。

年齢と共に、年金以外の収入を増やしていくのは大変厳しいです。

ですから、一概には言えませんが、将来の年金の受給を考慮して考えてみても、サラリーマンを20年以上して、独立自営で生涯現役という考え方、納得できるでしょう。

マズローの欲求5段階説の自己実現するためにも、人生2耗作の考え方が私はいいのではないかと思います。

ところで、若い人が、国民年金を支払わない人が多いと聞きますが、若いうちはいいとしても、われわれのような年代になると、大変苦労することになります。

仮に25年しか、国民年金を支払っていないとすると、月額約4万円ほどしかなりません。このようなことを言うと、ほとんどの人は生活保護を受けるから、年金は支払わなくてもいいんだといわれますが、果たしてそれがベストなのでしょうか。

生活保護制度は国の素晴らしい制度ですが、生活ができなければ安易に生活保護を受けるということは、、仕事も制限され、車、自宅も原則もてない、まるで受身の人生になります。この目的観のない人生ほど、寂しいものはないと思います。あなた60兆個の細胞君も毎日泣いていることになってくるでしょう。回りのご家族がそのようなあなたをどのように思うでしょうか。

年をとって、おじいちゃんおばあちゃんになったとき、お孫さんに、お小遣いも渡せる、また、家族全員くつろげるマイホームがあるといったことは、大変大事なことではないでしょうか。可愛い孫が同居となれば、自然と影響を受け、気持ちも若くなり、それこそ、健康を維持していくにも大変効果があるのではないかと思います。

人生2耗作では

どうか人生2耗作で、100歳まで生き切る計画をたてて、先ほどの年表に、目標を記載していただき、あなたの細胞君に、その計画を誓ってください。その瞬間から、60兆個の細胞君は人生100年計画に向けて活動を開始していきます。

ここでは、細胞君に誓うということについて、考えてみたいと思います。

私たちは、日常的に、時々誓いをたてることがあります。それは一番多いケースでは自分自身に誓いを立てるケースでしょう。その他でいえば、奥さんや子供さん、又は恋人かもしれません。あなたは今までどのような誓いを誰に立ててきましたか。

その結果、現在、その誓いはどのような状況になっていますか。大半の方がその誓いを達成できていないのではないでしょうか。いろいろな成功本を読むと、誓いを紙に書いて肌身離さず持ち歩きなさいとか、100人の人に宣言しなさいとか、様々なことが論じられています。

私はどれも正しいと思います。しかし、そのアドバイスのように、してもできないことはあるものです。この方法を論じている方は、ランチェスター的にみれば、ある意味、強者の方なのです。

私なども、紙に書いたり、いろいろな方に宣言したりしましたが、できなかったことが多かったような気がします。私は、強者の人材になれなかったのかもしれません

では、どうすればいいのでしょうか。私は、この誓というテーマも、本書で紹介している、自由労働時間の取組みが最適ではないかと思います。例えば、会社で部長になりたいと思えば、毎日会社経営の本やセミナーなどを受講するなど取組みを積極的にやっていくならば、その可能性は一段と近づいてくると思います。なぜなら、細胞君も天才として、自覚して、毎日時間戦略を繰り返し

ていくならば、60兆個の細胞君が動かないわけがないからです。

ましてや、コロナウイルスなどに負けない免疫力が日々の自由労働時間の取組みの中でアップしていかないわけがありません。

一般的に自分に誓うといいますが、その自分とはいったい、何なのかは、誰も正確にわからないと思います。これを深く思考すると、難しい心理学や宗教の世界になってしまいます。私の主張する60兆個の細胞君が、人生の方向性を担っていると考えれば、細胞君という自分自身の体の中にあり、明確な対局があるので、誰でも大変わかりやすく理解できるのではないかと思います。

私は、この時間戦略を通して、いくつかの誓いを達成してきました。その経験からも、是非この本の読者である方におすすめしたいのです。

以上誓いについて、私なりに、考えてみました。この節の課題である、生涯現役か引退かの選択については、ここまで本書を読んでいただいた方であれば、その選択は迷いはないのではないかと思います。

あなたの細胞君にいつまでも元気に活動してもらうためにも、自由労働時間を生涯の課題として、人生が燃焼する最後の日まで、チャレンジしていくべきではないかと考えます。

自由労働時間の具体的な取組みについて考えてみました。新型コロナショックで社会構造が大きく変化して働き方も大きく変わってくるかもしれません。したがって、私はこの自由労働時間の取組みは今後生きていくうえで益々重要になっていくのではないかと思います。

6章

会社は天才の集まりだ。コロナウイルスなどに絶対に負けない会社・自分となっていこう!

1　天才を自覚した社員が多い会社はその会社も天才

東京オリンッピックに向けて

時間戦略と自由労働時間について、イメージはつきましたでしょうか。

この取組みは、いつからでも始められますので、本書をここまでお読みいただいたのであれば、銅メダル・銀メダル・金メダル・ノーベル賞のいずれかのコースを選択して、チャレンジしていきませんか。

今年は残念ですが、東京オリンピックが新型コロナ感染拡大で来年に延期となってしまいました。来年の東京オリンピックに向けて自由労働時間に、新型コロナ対策で日本人全体が在宅時間も多くなってきているので、チャレンジするにはある意味最適なときではないかと思います。

天才というと、普段われわれのイメージでは、なにか遠い存在のように思われていたのではないでしょうか。

天才というと、エジソンとか、モーツァルトとか、ゲーテとかなにか特殊な存在であるようにイメージします。

しかし、京都大学の山中教授の発見されたｉｐｓ細胞のように、細胞には無限の可能性があるわけです。その無限にある私たちのからだの中にある細胞君は、60兆個という人類の人口の１万倍にもおよぶ細胞君でなりたっているのです。

もはや、あなたの体は、小宇宙なのです。したがって、その存在とその役割を知ったあなたは、天才なのです。この自覚するかどうかが、人生で重要なポイントです。そうです、自覚すれば、細胞君はそのように活動します。その人生における、結果は、断然相違してくることは、誰もが納得できるのではないでしょうか。

そのことをさらに強化するために、ランチェスター戦略を活用した時間戦略があるのです。

したがって、このように、相手も天才と自覚すれば、当然に、他者へのいたわりの心も沸いてくるのではないかと思うのです。

今日のようなイジメや、また、男女関係でいえば、ＤＶ、高齢者の孤独死、また、自殺といったことは減少していくのではないでしょうか。

自殺、自分が60兆個の細胞君をもった天才なんだと思ったら、そう簡単に自殺はできなくなってくると思います。

60兆個の細胞君も生きていく権利があるのです。あなたの勝手な感情で自殺するほど悲しいことはありません。自殺は絶対にいけません。

自殺は細胞君にも悲劇

私の友人で、うつ病が原因かと思われますが、自殺した方がありました。それはそれは、お仕事は真面目で、家族思いの方でした。

前日まで何気なく会話していた彼が、なぜ突然自殺したのか、本人の気持ちは永遠にわかることはできませんが、葬式のときの奥さんの泣きはらした顔や、子どもさんの泣き崩れた様子を拝見していると、私は、やはりどんなことがあっても自殺してはならないと、痛感したものです。

仮に、病気でやむなく亡くなるのであれば、遺族も納得できるものです。

しかし、自殺の場合は、永遠に自殺した人の心を理解することはできません。理解できないから、残された遺族は辛いのです。殺された60兆個の細胞君も悲劇です。

このように、あなたが、自分の存在価値に気がつけば、自殺など考えなくなりますし、奥さん・子どもさんも本当に大事にするようになります。

あなたの、人を大切にする振る舞いは、職場で更なる信頼を得て、職場でも押しも押されぬ人材に成長していくものです。

また、あなたの、天才の刺激をうけ、やがて職場にも、天才を自覚した方が多くなり、会社もやがて天才の集まりになっていくのではないかと思う次第です。

誰もが一個の天才だと自覚すれば天才になれるという考え方が、会社だけでなく、あなたの家庭や、また学生さんであれば、あなたの学校が天才の集まりになり、やがて日本中が天才の集まりになってくるのではないでしょうか。

やや、話が飛躍してしまいましたが、この考えが、少しでも理解していただける方が多くなっていけば、いくらかでも社会の発展につながっていくのではないかと思います。

あなたは一個の天才であり、あなたの会社も家庭も学校もみんな天才の集まりだと強く訴えたいのです。

そう考えると人生が楽しくなってきませんか。

2　社員の人間性は性善説で、社員の仕事内容については性悪説で考える

社員の人間性は性善説で

誰もが一個の天才と捕らえるならば、社員の人間性は性善説として考えることになります。

社会保険労務士として、いろいろなお客様のところで、労務トラブルなどのご相談を受け、当事者にお話をお聞きすると、最初から悪意のもとでしている人はほとんどいません。

ただ、仕事となると、本人は一生懸命にやっていると思っているが、会社の上司から見ると、うまくいっていないケースがほとんどです。このギャップがやがて、トラブルへと発展していくのではないでしょうか。

ここで重要なことは、仕事または家庭での子どもさんに対する考え方として、基本的には本人を成長させるためにも、仕事とか勉強については、なかなか本人が言うほどしないという性悪説の考

えで取り組んでいくほうが、やがて本人の成長に繋がっていくと思うのです。

もう1つ重要な視点は、どんなケースでも相手の人間性まで否定するような叱り方は絶対に慎むべきです。相手は、一個の天才なんです。どのようなことがダメだったかを叱るべきです。

このような視点にたって叱るならば、納得できるものです。お母さんが赤ちゃんを叱っている場面をよく拝見します。

どのお母さんも、叱っていながら、その愛情も全身にみなぎっております。赤ちゃんは不思議です。叱られてもお母さんから、決して離れようとはしません。なぜでしょうか、それは赤ちゃんを心から愛しているからです。

このことは、日常の生活にも当てはまります。

この基本は、人間性は性善説で、相手も一個の天才だと思うことから始まります。

時間戦略の格言

図表40に、ご参考のために、時間戦略にからんだ名言を揚げます。

先人の名言には、人生の真実の姿を表現したものが、一杯あります。図表40のかっこ書きのように、自分なりに解説をしてみましたが、読者の皆さんは如何が思われましたでしょうか。

どの名言も深い味わいがあります。

なぜこれら先人の名言が心を打つのか考えてみたいと思います。私は、顧問先には毎月自筆のハ

〔図表40　時間戦略にからんだ名言〕

「人よりほんの少し、多くの苦労、
人よりほんの少し、多くの努力、
その結果は大きく違ってくる」
鈴木三郎助
（味の素創業者）

「1日30分以上の自由労働時間の取組みが人生に多大な影響を残すということです。」

「同じものでも考え方ひとつ。
やる奴はやるように考えるし、
へこたれる奴はへこたれるほうへ
考えてしまう」
松永安左ヱ門
（電力王といわれた財界人）

「60兆個の細胞君への考え方一つで人生の流れは決まるということです。」

「未熟なうちは成長する。
成熟すれば、あとは衰えるだけだ」
レイ・クロック
（マクドナルドをチェーン展開した企業家）

「時間戦略を継続していかないと、成長しないということです。」

ガキを書いています。その際、必ず先人の名言をハガキに記載しているのです。

時折、顧問先から、今月の名言に感動したとか、毎月楽しみしているお声を聞くことがあります。そのような経験も踏まえて考えると、社長は皆孤独で苦労しているので、その苦労を分かちあえる、先人の名言に触れることで、感動されるのかと思いました。

成功と幸福は目標に向かって行動することによってもたされ、それは細胞君が最も活性化しているからと述べましたが、名言に共感するというのは、社長の苦労していた経験が共鳴するからだと思います。

したがって、先人の名言に触れるということは、あなたの細胞君に先人の英知を植えつけることにもつながり、大変素晴らしいことなのです。

先人の名言は1冊の膨大な本まで読み切れなくても、最も伝えたいメッセージをコンパクトに理解できるというものです。

私は、このような様々な先人の名言に触れるたびに、この節で記載しているように、誰人もその人間性というものは、性善説でなければならないということをさらに感じる次第であります。

性善説ということを述べてきましたが、凶悪な殺人犯をそのようにとらえることができるのかと言われると思います。私は誰でも、悪と善の両面を持っていると思います。我々が善の気持ちで対応していけば、悪の強い方も、善に触れることによりやがて性善説に近づいていくのではないでしょうか。誰人の細胞君も同じ気持ちだと思います。

3　生涯現役と自覚すれば、そのときから誰でも60兆個の細胞君は病気にも負けなくなっていく

生涯現役と自覚

ここでは、生涯現役と自覚することについて考えてみましょう。

あなたは、65歳で定年を迎えたならば、余生をのんびり過ごしたいですか。それとも、生涯現役で働き続けたいですか。

多くは余生をのんびり過ごしたいという方でしょう。年金が月額20万以上ある方は、そのように、考えるのも当たり前かなと思います。

サラリーマンとして、多くの団塊の世代の方は、それは毎日サービス残業の連続で、日曜日は上司やお客様のゴルフの接待と、命を刻む思いで働らいてこられたことでしょう。やっと迎えた定年、やっと楽ができる、やっとかけ続けてきた年金がもらえるなど、ゆっくりさせてくれないかと言いたくなる気持ちは十分理解できます。

次に65歳で定年年金生活を選択したときどのような生活になるか、一緒に考えてみましょう。

苦労をかけた奥様に、世界一周旅行など一緒に行って奥様孝行をしたい。このケースで考えてみましょう。

確かに最初の旅行は奥様も喜ばれるかもしれませんが、旅行後、毎日、ご主人が家におり、はい「お茶」「飯」「寝る」と言われ、毎日毎日その生活が続くとおそらく奥様は爆発すると思います。

ご主人は自分がしっかり働いてきたから、定年後も食べることに心配しないで生活できるのだから、このことは当然かと思われている方も多いです。

私は、家庭裁判所の調停員もときおり依頼があればやっております。その経験で言えるのは、意外と奥様は、定年まで面倒みたのだから、定年後は逆に、家事から離れたいという欲求が強いということです。

よく考えてみてください。今まで、毎日遅くまで仕事してきて、あまり家庭を顧みないご主人であれば、どうですか、いきなり、毎日朝から晩まで、ご主人が家にいたらどうなりますか。

おそらく奥様は、何十年もの生活習慣が崩れるので、ケースによっては耐えられないと思います。

私は本業が社会保険労務士ですので、熟年離婚のケースの年金額についてもよくご相談をうけます。

このケースはほとんど男性が不利で、かわいそうにすら思えてきます。

例えば、40年間連れ沿った方が、専業主婦でしたら、おそらく一概にいえませんが、年金月4万円前後減額されて、奥様がその分割された報酬部分の年金額が上乗せされることになってきます。

調停で年金分割でお話がつくと、そのほとんどのケースは、男性はそれは寂しそうで哀れな感じです。それと逆に女性には、笑みが感じられます。

このようなケースは最近では、日常的に起きてきております。

寂しい限りですが、これらの原因の1つはやはり、相手に対するいたわりがなかったからだと思います。お互いを一個の天才なんだと思いやる心があれば、人生の晩年熟年離婚などということにはならなかったのではないでしょうか。

この例は一例ですが、定年後は年金生活で、悠々自適の生活は意外と望むのは難しいケースが多いようです。

ここで、この問題を解決する糸口は、私はやはり、生涯現役という考え方ではないかと思います。生涯現役ということは、自宅にのんびりしていられなくなります。お仕事されるかもしれませんし、ボランティア活動に専念されるかもしれません。

いずれにしても、あなたの60兆個の細胞君は、目的をもって活動するわけです。

ですから、体が、活性化しないわけがありません。

前章で、自由労働時間は2時間以上というお話をしましたが、何か実際にお仕事をされると、最低でも4時間以上の取組みになってきます。

シニア向きお仕事

ところで、何をやればいいかわからないという方もおられると思いますので、ご参考までに仕事例を図表41にピックアップしてみました。

〔図表41　シニア向きお仕事〕

マンション管理人・ビル管理・用務員・ボイラーマン
守衛・店員・お手伝い・駐車場係・倉庫番・運転手
料金所の仕事・配車係・事務・集金・調査
草刈・翻訳・コンサルタント・交通誘導員
インストラクター・各種ライター
家屋などの解体作業・宛名書き・植木手入れ
秘書

地元のシルバー人材センターの会員になると、造園講習・マンション管理人養成講座・介護講習・警備業講習などの講習もやっており、シルバーでできるお仕事も紹介しております。一度調べてみてはいかがですか。

結構その気になれば、一杯あるものです。一歩踏み出すためには、ちょっと勇気がいると思いますが、細胞君を活性化させて、心と体を健康になっていただくためには、一番取り組みやすい戦略です。

また、中には、自分でビジネスを始めるといわれる方もいると思います。起業にはある程度の資金が必要になりますが、助成金や補助金などの該当する制度があれば、有効に活用してください。

私は前述したように、毎年シルバー人材センターの依頼をうけて、マンション管理人の養成講座を、数年前までやってきました。その経験からかつて『改訂版／マンション管理人の仕事とルールがよくわかる本』（セルバ出版）などの職業紹介の本も出版させていただきました。

そのような経験からも、この仕事などは、資格も経験もなくてできて、体力的にも十分問題なく75歳までも働ける仕事ではないかと思います。さらに、マンション管理人さんは、過去の豊かな人生経験と管理人さんの人柄をいかんなく発揮できるお仕事の1つではないかと思います。また、マンション管理人さんは日本のマンションの資産価値の将来を担っているともいえます。社会的にも大変意義があり、あなたの細胞君も喜んでくれるのではないでしょうか。

賃金も現役まではいきませんが、年金とのことも考えれば十分の内容であると思います。マンション管理人さんのお仕事について、多くを記載しましたが、私がよく、理解しており、シルバーの方には是非おすすめしたいお仕事の1つであるからです。人生生涯現役の取組みの1つとしてこのお仕事は検討していただく、価値は十分あると思っています。

4　健康の秘訣は、仕事を保ち続けることと60兆個の細胞君を活性化させることが一番

健康と仕事の関係

ここで、健康と仕事の関係について考えてみましょう。

明日から、仕事をしなくていいから、自由にしてくださいと言われたらどのように受け止めますか。ただし、給与は保証します。

いかがでしょうか?

これはラッキーと思いますか。それとも大変だと思いますか。

仕事をしないでお金がもらえたらある意味素晴らしいことかもしれません。

このようなケースは、失業して、失業保険の給付を受けるケースに似ています。私は失業保険を受給したことがないので、どのような気持ちになるかわかりませんが、決して人生の満足を得ることはできないと思います。

サラリーマン時代の先輩に会うと、この人たちも年金で生活しているので、ある意味、失業者と共通点があると思います。

この先輩たちは、異口同音に過去の現役時代のことばかりしか話題がないような状況です。そして、ほとんどが、昔の面影をほとんどなくなっており、過去に生きているといった感じです。

失業中の失業保険を受給している方で、元気な方はいまだかつて私は見たことがありません。

このように、何故なってしまうのか。考えたことはありませんか。おそらく、人生に新たな目標や目的が明確に定まっていないからです。

逆に、お仕事をしていれば、毎日、ノルマ目標が与えられ、やらざるをえない状況です。すべての細胞君も脳の指示をうけて、全力で働いてくれることになるからです。

ところが、目標がなければ、海図のない船と同じで、だんだん衰退していくのは、火を見るよりあきらかです。

三村式幸福論でお話したように、細胞君を活性化しないかぎり、体と心の健康も保てません。

このことを考えるに、健康の秘訣は仕事を続けることであると定義づけできるのではないでしょうか。かつての金さん銀さんの長寿については、何度かテレビでも紹介されており、かつては時の人でありました。驚くのは、一族全員が長寿の方であるということです。

この紹介のテレビを拝見して感じたことは、人に頼らないで、自分のことは、自分でやるといった、姿勢が感じられたことです。

やはり、ポイントは自分の60兆個の細胞君をいたわりながら、共に生きてきたんだなと感じました。

生涯現役で100歳まで

どころで、本書を読んで、何歳まで働きたいと感じられましたか。

私は、生涯現役で100歳まで挑戦したいと思っています。

この取組みが私の人生の最大のチャンスあり、私の健康の秘訣になってくるものと確信する次第です。

自然界に目をやれば、蟻、昆虫、鳥など眺めても、1匹として、優雅なのんびりした生活はありえません。植物学者の田中修氏は「紫外線や強い光という有害なものが多ければ多いほど、植物たちは色あざやかに魅力的になるのです。植物たちは、逆境に抗して美しくなるのです」と述べております『植物はすごい』（中公新書）。これが、自然界です。

われわれ人間も、定年という名の安逸に浸っていては、本当の人生の幸福は勝ち取っていけないのではないかと思います。

お年寄りなんだから無理しないでねとは、よく耳にするお話です。はたして、これは本当にお年寄りをいたわっているのでしょうか。

このようなことを、いうとお前は、残酷な男だとも思われがちですが、お年寄りこそ、いろんなことに体をいたわりながらもチャレンジするべきではないでしょうか。

周りがお年寄りだから、と思って世話をするのは、必要かもしれませんが、自分でできることは、お年寄り本人にできるだけ、やってもらうというのが、本当の優しさではないかと思うのです。

5　あなたも私も天才、会社も日本も天才の集まりだ

誰もが一個の天才

いよいよ最終の節までたどり着きました。

ここまで、お読みいただき深く感謝申し上げます。

提案する自由労度時間の継続による、60兆個の細胞君を活性化して、皆が自分を天才だと認識する。逆に言うと自分の無限の可能性を信じるともいえますが、これも日々の銅メダル30分コースを、

こつこつやりあげる中に、誰でも勝ち取ることができる、私は1つの人生の方程式ではないかと思います。

このような、考えの方が多くなり誰もが一個の天才だと思うことは、相手に対する畏敬の念にもつながり、やがて、これは日本の社会の活性化にもつながってくることであると私は信じています。

このことは、あなたの会社も天才、やがて、日本全体も天才の集まりだといえるようになれば、これからの将来も明るく思えきます。

そのような明るい気持ちに日本中がなっていけば新型コロナウイルスも沈静化いてくるのではないかと思います。

私の考えの原点は、人間の体を構成する60兆個の細胞、その細胞を単なる細胞と認識すればそれまでですが、その60兆個の1つひとつの細胞にも人間の体を形作る基本部分が含まれているということです。

このように、考えると、1つひとつの細胞は、独立した存在であるといえます。

したがって、私は細胞君として、1つひとつの細胞君に命を吹き込み、活性化すれば、人生をよりよい方向に転換していけると思うのです。

その証拠は、日々の生活で、感動したり、悲しいときなど、頭だけでなく、足のつま先や、指先などにも全身で、その感動を覚えるのは、すべてのあなたの細胞君が喜んだり、悲しんだりしているからです。

〔図表42　無敵の細胞君〕

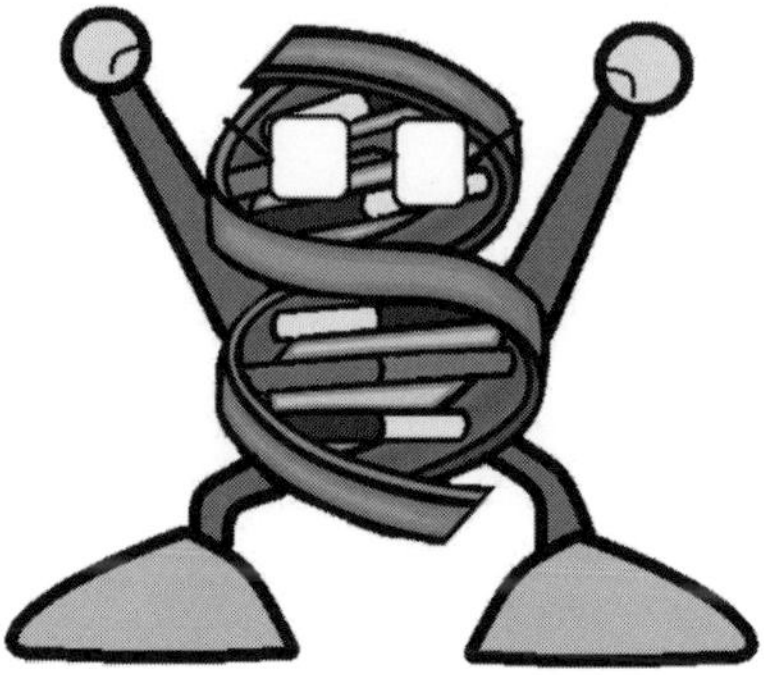

時に鳥肌が立つといわれますが、これなど最適な事例ではないかと思います。

ｉｐｓ細胞と自由労働時間

８年前に、京都大学の山中教授のｉｐｓ細胞の研究でノーベル賞を受賞されました。このｉｐｓ細胞により、新たな細胞をつくり出し、人間を蘇生していくというものであります。ある意味私の提唱する細胞君の考えと相通じるものがあるのではないかと思います。

やがて、科学が発達すればするほど、私の提唱する細胞君の働きは証明されてくるでしょう。

いくらかご理解いただけましたでしょうか。

この素晴らしい可能性を用意に引き出すシステムとして、ランチェスター戦略による、時間戦略が誰でも取り組みやすい方法の１つです。

最初はなかなか成果が現れてこないかもしれま

せんが、1年・2年・3年と経過していけば、いろいろな人生の発見と面白さがわかってくるようになってくるのではないかと思います。

最後に、参考資料として、巻末に「私と細胞君の誓い」を掲載しましたので、できれば今、時間戦略を決意していただき、コース・目標・氏名・日付を記入していただきたいのです。そして、うまくいかないときは、本書の細胞君との誓いを思い出していただきたいと思います。

読者の皆さんが、大切な大切な人生を、思う存分人生100年計画で生きて生きて生き抜いていただきたいと切に望みます。

どうか、本書を読んでいただいた方が、自分素晴らしさに気づかれて、大きく人生を進展させ大きく人生を進展させていくキッカケの1つになれば、私のこの上ない喜びです。

そして、最後に新型コロナウイルスによるコロナショックで、失業したり、学費が払えなくて大学を辞めなくてはならなくなったり、いじめにより不登校になったりとかしたとき、どうか絶対に人生を諦めない、自暴自棄にはならないでください。人間都合が悪くなると、どんどん悪い方向へ悪い方向へと物事を考えてしまう傾向があるようです。

私は胃がんで、生きることのありがたさを実感しました。どんなに辛いときがきても、自分を絶対に見捨てないでください。自分は最低だと思わないでください。あなたには小宇宙の塊である60兆個の細胞君があなたを全力で守ってくれていることを絶対に忘れないでください。そうです。あなたは世界で誰も代わりができない天才なのです。誰もが幸福になっていける資格があるのです。

あとがき

本当に最後まで私の本に、お付き合いいただき大変有難うございました。深く感謝申し上げます。本書の主人公である細胞君をテーマにした「誰でも天才になれる生き方・働き方」は実は8年前に出版しました。以前より読者の方から60兆個の細胞君の話はわかりやすいし、読んでいいて元気がでるということで、何回も読んでいますといったお話をよくお聞きしていました。現在緊急事態宣言が全国に発令されるなど日本はおろか、新型コロナショックで世界中が騒然としております。そんな中新型コロナウイルスとの闘いはある意味60兆個の細胞君との戦いでないかと思いました。また、8年前の細胞君の読者のかたからも、是非新型コロナウイルスに負けない生き方働き方の本を書いてくれませんかといったありがたいご意見もいただいておりました。

このような背景もあり、今回の出版となりました。本書で紹介した考え方が多くの方に賛同いただければ、著者としてこれほどの喜びはありません。また、人生でリストラとか子どもさんの不登校とか、いじめといったことで悩んでいる方も多いと思います。そんなとき自身の60兆個の細胞君の存在を実感していただき、少しでも前向きな明るい気持ちになっていただけたら幸いです。

また、本を出版する動機を与えてくれたランチェスター経営で有名な竹田陽一先生や、私が所属している、名古屋の北見塾の北見式賃金研究所の北見昌朗先生、そして、本書のコーディネーターであるインプルーブの小山睦男社長には感謝に耐えない気持ちでいっぱいです。

本書は誰もが一個の天才で、ランチェスター戦略の時間戦略を活用した、自己啓発本でこれまでにあまりなかった視点の本ではないかと思っております。本書が、いくらかでも、学生さんやサラリーマンの方の人生を生きていくうえで参考の1つになれば幸いと思っております。
また、本書が新型コロナウイルス感染防止・リストラ・イジメや不登校の減少にいくらかでもつながれば私の最大の喜びです。本当に最後までお付き合いいただき、有難うございました。

三村　正夫

2020年5月

金

（巻末資料）

「私と細胞君の誓い」

私は今日より時間戦略を毎月

銅メダル（３０分コース）
銀メダル（１時間コース）
金メダル（２時間コース）
ノーベル賞（４時間コース）

銅　　銀

をやることを誓いを立て

下記の目標にチャレンジします。

（小）目標＿＿＿＿＿＿＿＿　令和　　年　　月　　日
（中）目標＿＿＿＿＿＿＿＿
（大）目標＿＿＿＿＿＿＿＿　氏名＿＿＿＿＿＿＿＿

参考資料

『からだの不思議』　加藤征治　株式会社ナツメ社　２００４年
『小さな会社☆社長のルール』　竹田陽一　フォレスト出版　２００３年
『なぜ　会社の数字は達成されないのか』　竹田陽一　フォレスト出版　２００９年
『人生の流れを大きく変える時間戦略と自己啓発』　竹田陽一　ランチェスター経営㈱　２００９年
『心に響く名経営者の言葉』　ビジネス哲学研究会　ＰＨＰ研究所　２００８年
『マンション管理人の仕事とルールがよく分かる本』　三村正夫　セルバ出版　２０１２年

参考データ

厚生労働省　賃金構造基本統計調査

著者略歴

三村　正夫（みむら　まさお）

株式会社三村式経営労務研究所 代表取締役、三村社会保険労務士事務所 所長。

福井県福井市生まれ。芝浦工業大学卒業後、昭和55年日本生命保険相互会社に入社し、販売関係の仕事に22年間従事。

平成13年、金沢で社会保険労務士として独立開業。

ランチェスター戦略社長塾を北陸で初めて開催するなど、独自の労務管理を展開している。

モットーは、「社員は一個の天才、会社は天才の集まりだ」で、社長は社員の可能性を信じてほしいと訴える。同郷の五木ひろしの大ファン。歴史の町・金沢をこよなく愛す。寿司と日本酒が何より。死ぬまで働く覚悟。信念は、「人生は、自分の思い描いたとおりになる」。

特定社会保険労務士、行政書士、マンション管理士、ファイナンシャルプランナー（ＣＦＰ）など22種類の資格を取得。

著書には『改訂版サッと作れる小規模企業の就業規則』『改訂版サッと作れる小規模企業の賃金制度』（いずれも、経営書院刊）『ブラック役場化する職場、知られざる非正規公務員の実態』（労働調査会刊）『改訂版マンション管理人の仕事とルールがよくわかる本』『改訂版マンション管理士の仕事と開業がわかる本』『超人手不足時代がやってきた！小さな会社の働き方改革・どうすればいいのか』（いずれも、セルバ出版刊）などがある。

誰もが一個の天才　コロナウイルスなどに負けない「生き方・働き方」

2020年6月3日 初版発行

著　者　三村　正夫　© Masao Mimura

発行人　森　　忠順

発行所　株式会社 セルバ出版
〒113-0034
東京都文京区湯島1丁目12番6号 高関ビル5B
☎ 03（5812）1178　FAX 03（5812）1188
https://seluba.co.jp/

発　売　株式会社 創英社／三省堂書店
〒101-0051
東京都千代田区神田神保町1丁目1番地
☎ 03（3291）2295　FAX 03（3292）7687

印刷・製本　モリモト印刷株式会社

Printed in JAPAN
ISBN978-4-86367-586-5